AF551279

FEUER & FLAMME

EINE GENUSSREISE DURCH NAMIBIA

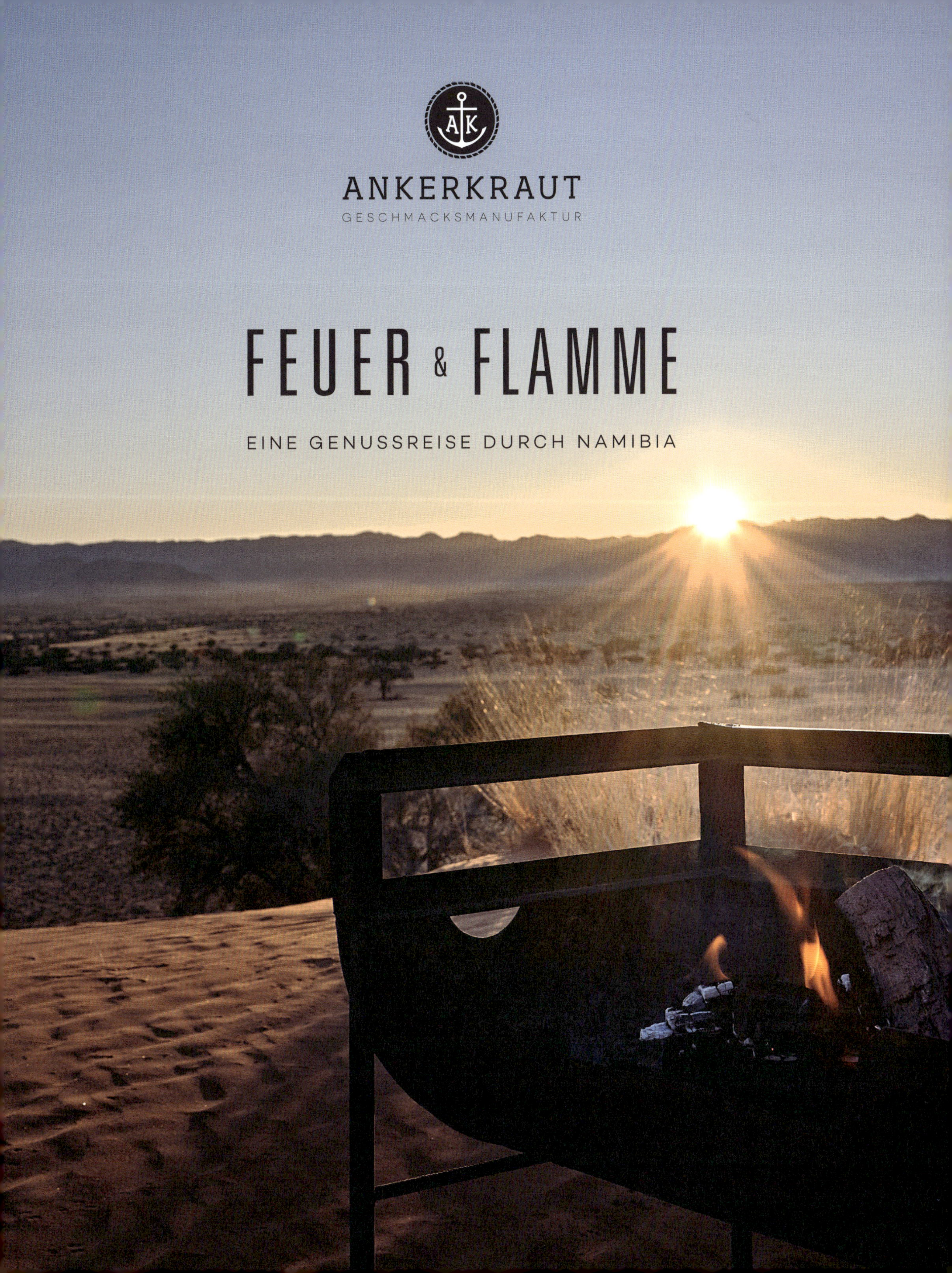

WIDMUNG

WIR WIDMEN DIESES BUCH DEM WUNDERSCHÖNEN UND VIELSEITIGEN KONTINENT AFRIKA UND SEINEN BEWOHNER:INNEN. NICHT NUR DIE NATUR DER „MAMA AFRICA“, IHRE WÜSTEN, STEPPEN, BERGE, KÜSTEN UND SCHIER ENDLOSEN WEITEN HABEN UNSERE HERZEN EROBERT, SONDERN VOR ALLEM AUCH IHRE MENSCHEN. WIR DURFTEN SEHR BESONDERE UND VOR ALLEM LIEBE MENSCHEN KENNENLERNEN UND HABEN GEMEINSAM MIT IHNEN IN GUSSEISERNEN TÖPFEN GERÜHRT, MIT IHNEN AM FEUER GESTANDEN, IHREN GESCHICHTEN GELAUSCHT UND DURFTEN IHRE LIEBE ZUR AFRIKANISCHEN KÜCHE SPÜREN UND SCHMECKEN.

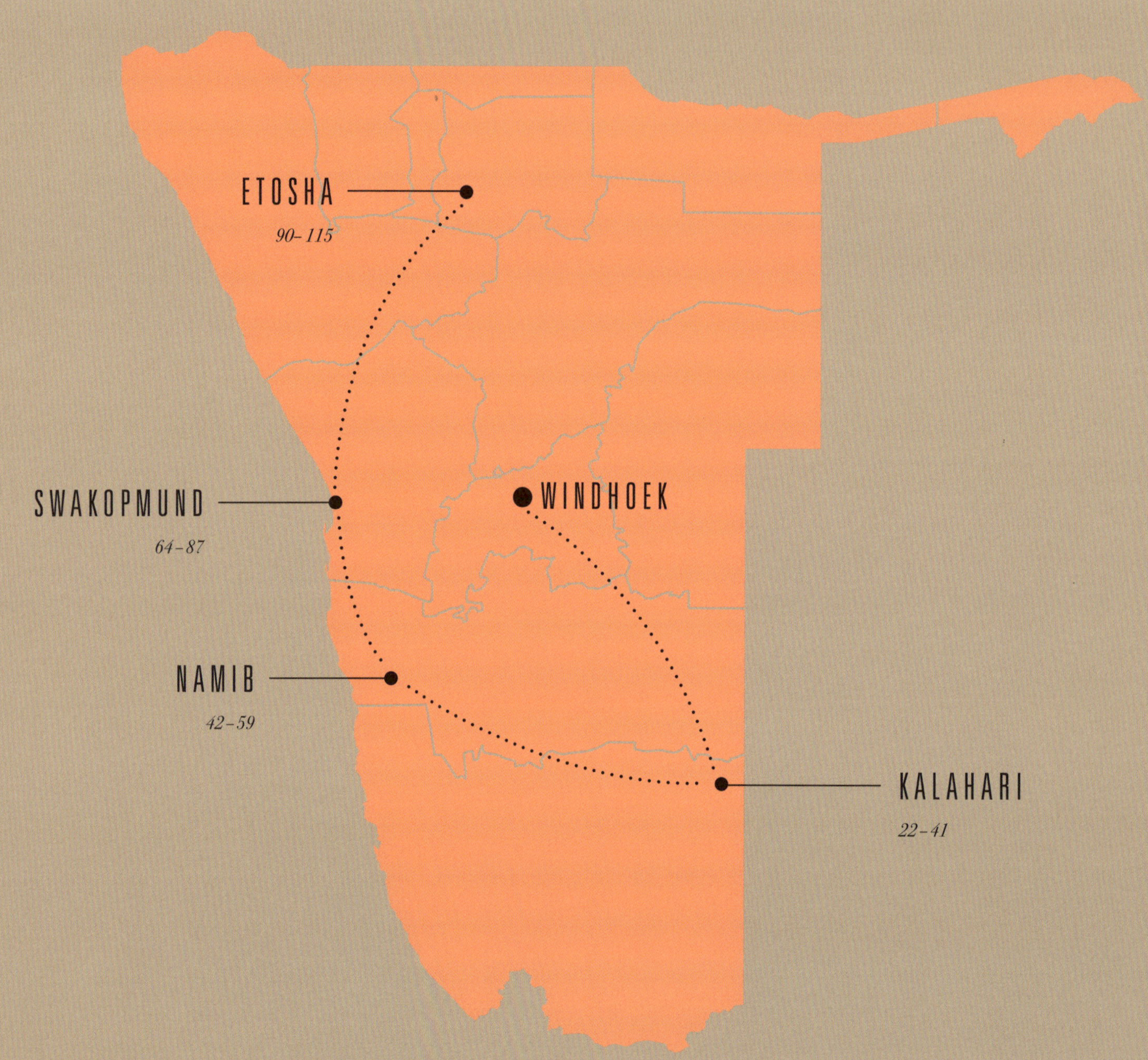
ETOSHA
90–115
SWAKOPMUND
64–87
WINDHOEK
NAMIB
42–59
KALAHARI
22–41

INHALT

WILLKOMMEN IN NAMIBIA

Liebe Leserin, lieber Leser,

unser Land im südlichen Afrika steht für endlose Weite, faszinierende Landschaften voller Farbenpracht, eindrucksvollen Tierreichtum und großartige Erlebnisse für Reisende aus aller Welt. Es steht ebenso für herzliche Menschen, für fröhliche, lebensbejahende Kulturen und großartige Kulinarik, die von uriger Farmküche über BBQ (in Namibia sagt man Braai) in der Natur bis hin zu exquisiten Gerichten in den Lodges reicht.
Es gibt also viel zu entdecken in Namibia.

Das Blättern in diesem Ankerkraut Kochbuch „Feuer & Flamme“ lässt uns die reiche Küche Namibias und seine facettenreichen Geschmäcker erahnen. Diese Eindrücke lassen aber auch von den Sonnenuntergängen in der Namib-Wüste träumen, von der Weite der Savanne, von einzigartigen Safaris im Etosha-Nationalpark, von Nächten unter dem Sternenhimmel Afrikas und: von den Menschen, die uns einladen, ihr Land und ihre Küche zu entdecken und mit ihnen zusammen diese Erlebnisse zu teilen.
Genießen Sie das Stöbern in diesem Namibia-Kochbuch von Ankerkraut und lassen Sie die Inspirationen auf sich wirken. Fernweh nach Namibia wird das Resultat sein. Freuen Sie sich darauf.

Wir hoffen, Sie bald in Namibia willkommen heißen zu dürfen, und laden Sie ein, hier, im Land der Weite, Ihr Fernweh und den Braai-Appetit zu stillen.

Herzlichst
Ihr Matthias Lemcke
Leiter Marketing Europa, Namibia Tourism Board

GESCHMACKSVERLIEBT IN NAMIBIA

Im Jahr 2013 gründete das Ehepaar Anne und Stefan Lemcke die Geschmacksmanufaktur Ankerkraut mit der Mission, die verschiedensten Geschmäcker der Welt in die heimischen Küchen zu bringen. Dafür haben die beiden Weltenbummler immer wieder ihren Anker gelichtet und sind auf kulinarische Entdeckungsreise gegangen – in ferne Länder wie Namibia und Kambodscha, aber auch in heimische Gefilde wie die vielfältigen Ostfriesischen Inseln. Überall gibt es einzigartige Geschmäcker zu entdecken, die sie auch in Hamburg nicht mehr missen wollen. Wie praktisch, dass die Stadt als „Tor zur Welt" mit seinen Kontoren seit Jahrhunderten die ideale Anlaufstelle und Bezugsquelle für Gewürze ist. Auf ihren Reisen begleitet die beiden stets ein Kamerateam, das ihre Abenteuer im Videoformat „Taste of Ankerkraut" festhält.

2018 ist das Team schon einmal in Namibia gewesen, um die Gewürzreihe „Taste of Namibia" zu entwickeln. Und am Ende waren sich alle einig: Wir kommen zurück! Ganz nach dem Motto „back to the roots" kehrte Stefan zurück zu seinen Wurzeln – in die Region, in der er aufgewachsen ist und in der er die Liebe zu Gewürzen und gutem Essen entdeckte. Dieses Mal entstand sogar ein ganzes Buch. Ob traditionelles Kochen über offenem Feuer oder Einflüsse aus anderen Länderküchen und Kulturen – die Rezepte sind so multikulturell und bunt wie das Land selbst.

Unterstützung erhält Stefan von einem langjährigen Weggefährten: Camillo aka Don Caruso ist BBQ-Blogger, Grillweltmeister und so experimentierfreudig wie Stefan. Ein perfektes Duo eben. Gemeinsam mit der Ankercrowd reisen die beiden quer durch Namibia, treffen die verschiedensten Menschen, entdecken die Schönheit des Landes und verlieben sich jeden Tag neu in Namibia. Dabei ist das Buch keineswegs ein reines Kochbuch. Stefan und Camillo nehmen euch mit auf eine Reise durch das afrikanische Land, berichten von ihren Erlebnissen und stellen die schönsten Regionen Namibias vor.

Und am Ende vereint alle ein Gefühl: Feuer und Flamme für Namibia!

GRÜNDER & WELTENBUMMLER

STEFAN

Stefan wurde die Liebe zu Gewürzen quasi in die Wiege gelegt. Kein Wunder, hat er doch seine Kindheit größtenteils in Ländern verbracht, die eine unendliche Vielfalt an Geschmäckern zu bieten haben. Als Kind von Entwicklungshelfern ist der Gründer der Geschmacksmanufaktur Ankerkraut in Tansania und Sambia aufgewachsen, wo er aus erster Hand die afrikanische (Ess-)Kultur kennen- und lieben lernte. Besonders prägend für ihn waren die Besuche auf afrikanischen Märkten: Der Duft von frischen Kräutern und Gewürzen und besonders der Geschmack ist mit nichts zu vergleichen, was unsere heimischen Regionen zu bieten haben. Die Intensität eines einfachen, selbst gemachten Currys faszinierte ihn früh und ließ ihn seitdem nicht mehr los.

Ursprünglich wollte Stefan Koch werden, hat sich dann aber der Mission verschrieben, authentische Geschmäcker aus aller Welt nach Hamburg zu bringen und den Menschen dann zugänglich zu machen. Was ein Glück, schließlich sind seit Beginn von Ankerkraut im Jahr 2013 über 500 Gewürze- und Gewürzmischungen entstanden, mit denen Hobby-Köch:innen und Sterne-Anwärter:innen wieder mehr Spaß in der Küche und am Grill haben und Kreativität auf den Teller bringen.

Inzwischen lebt Stefan mit seiner Familie in Deutschland, lässt es sich aber nicht nehmen, regelmäßig zurück nach Afrika, besonders Namibia, zu reisen. Afrika ist ein Ort, zu dem er eine tiefe Verbundenheit spürt, weshalb er auch im Jahr 2020 den Bau einer Schule in Malawi für über 600 Schüler:innen unterstützte. „Mit dem neuen Schulzentrum kann ich ein Stück meiner Dankbarkeit und Liebe an die Menschen vor Ort zurückgeben“, so Stefan.

ANKERKRAUT

CAMILLO & STEFAN

EIN PERFEKTES DUO

Als Grillprofi begleitet Camillo die Geschmacksmanufaktur Ankerkraut nun schon seit 2017. Aus dieser Zusammenarbeit ist auch die Grill-Gewürz-Mischung „Porkalypse" für köstlichstes Schweinefleisch entstanden. Stefan und Camillo ergänzen sich perfekt: der eine Gewürzexperte, der andere BBQ-Spezi. Was sie vereint, ist die Leidenschaft für neue Geschmäcker, aber vor allem auch für das Land Namibia. Schon 2020 ist die Idee entstanden, ein gemeinsames Kochbuch zu machen, doch die Coronapandemie bremste den Tatendrang der beiden vorerst. Bis heute.

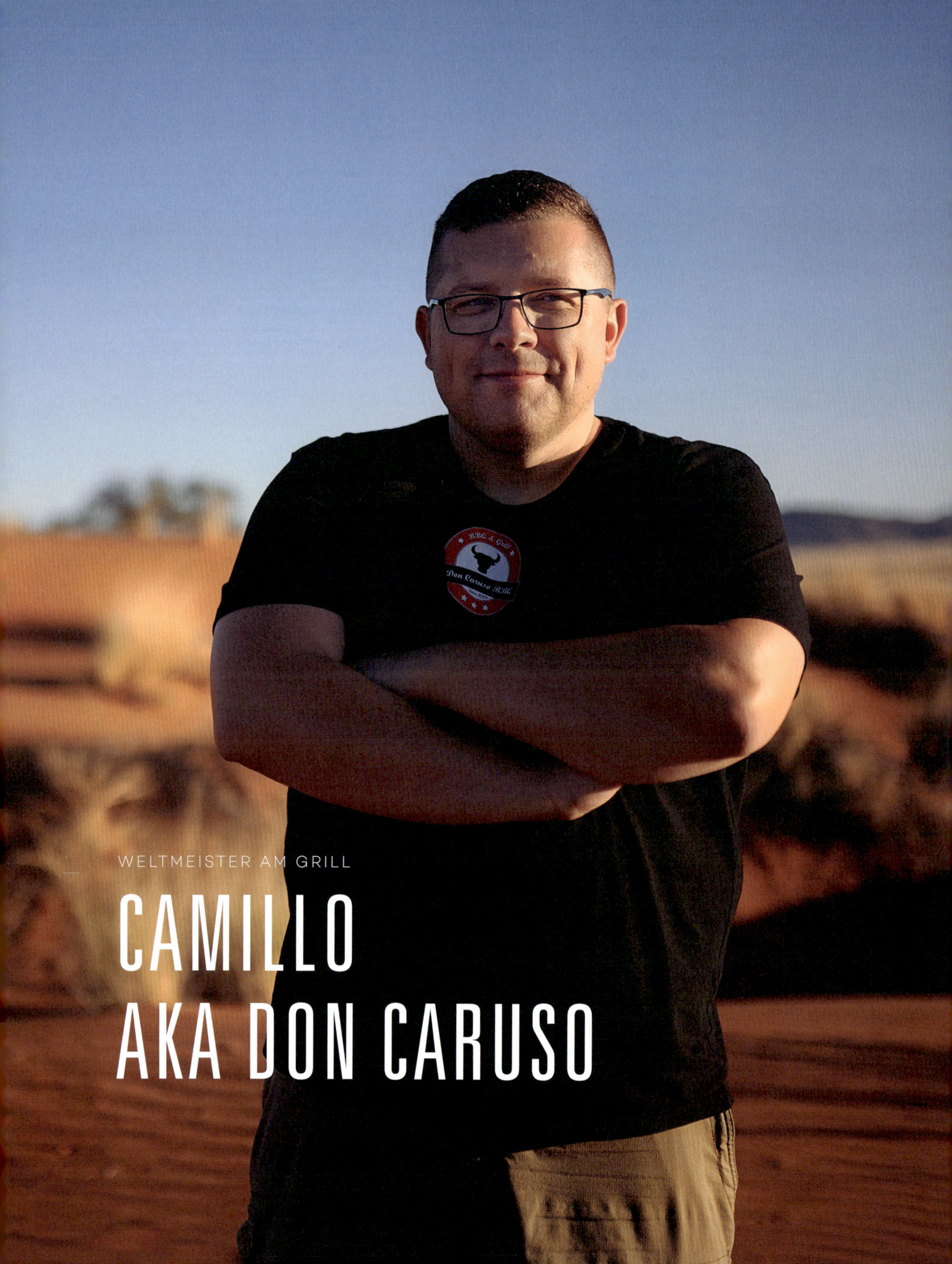

WELTMEISTER AM GRILL

CAMILLO AKA DON CARUSO

Dreifacher Gewinner der deutschen Grillmeisterschaften, Grillweltmeister 2008, einer der bekanntesten BBQ-Blogger in Deutschland und Namibia-Liebhaber durch und durch: Die Rede ist von Camillo Tomanek aka Don Caruso. Seine Leidenschaft, das Grillen, hat er schon während der Schulzeit für sich entdeckt. 2009 fing er an, Beiträge auf seinem Blog „Don Caruso" zu teilen. Es ist inzwischen der älteste Grill- und BBQ-Blog im deutschsprachigen Raum. Mit der Zeit verschwanden Bratwurst und Nackensteak vom Grillrost und wurden durch Brisket und Roastbeef ersetzt.

Was blieb, ist jedoch der Spaß an der Sache. Denn auch als BBQ-Blogger mit Weltmeistertiteln gehören für Camillo die Gemeinschaft und der Spaß einfach zusammen: Ein teurer Grill ist zwar „nice to have", aber noch lange kein Garant für ein gelungenes BBQ. Er ist sich sicher: „Solange die Gesellschaft stimmt, ist es auch egal, ob ich eine simple Bratwurst über offenem Feuer grille oder ein feines Filet auf dem Nobel-Grill. Gute Freunde machen das BBQ erst zu dem, was es ist."

NAMIBIA – EINE LIEBE IST ENTFACHT

2020 bereiste Camillo zum ersten Mal Namibia und hat sich auf Anhieb verliebt: in die Gastfreundschaft der Menschen, die atemberaubenden Landschaften und natürlich die (Ess-)Kultur. An dem Land hat Camillo besonders das Outdoor-Kochen fasziniert. Warum die Namibier:innen eigentlich eine Küche in ihrem Haus haben, fragt er sich. Schließlich bereiten sie das Essen fast immer im Freien auf offenem Feuer zu. Die Ursprünglichkeit der Zubereitung von Speisen und die Gemütlichkeit, die von dem Feuer ausgeht, beeindrucken ihn. „Grillen auf offener Flamme ist so spannend, weil man eben nicht alles zu 100 Prozent kontrollieren kann." Seine namibische Leibspeise? Definitiv Wildfleisch! Egal ob Zebra, Kudu oder Strauß: Eine derart hohe Qualität an Fleisch kann sich sehen (und schmecken) lassen.

REISEROUTE

NAMIBIA, DAS LAND DER KONTRASTE. HIER GIBT ES WOLKENLOSEN BLAUEN HIMMEL, GOLDENE WÜSTEN UND DAZU DUNKEL VERSTEINERTE BÄUME – EIN FARBSPEKTAKEL WIE NIRGENDS SONST. WER GRENZENLOSE FREIHEIT UND RUHE SUCHT, IST IN NAMIBIA GOLDRICHTIG: NACH DER MONGOLEI IST ES DAS AM DÜNNSTEN BESIEDELTE LAND DER WELT. ES IST DIESES GEFÜHL VON EINSAMKEIT, DIE EINE RUNDREISE DURCH DAS LAND SO BESONDERS MACHT. ZWEI WOCHEN WERDEN STEFAN UND SEIN TEAM UNTERWEGS SEIN, LOCALS TREFFEN UND SICH VON NAMIBIAS CHARME VERZAUBERN LASSEN. ALS SIE ENDLICH NACH VIELEN FLUGSTUNDEN NAMIBISCHEN BODEN UNTER DEN FÜSSEN SPÜREN, STEIGT DIE VORFREUDE INS UNERMESSLICHE. DIE REISE BEGINNT AM FLUGHAFEN WINDHOEK UND FÜHRT DURCH DIE WÜSTENREGIONEN KALAHARI UND NAMIB. DANN WEITER RICHTUNG KÜSTE IN DIE HAFENSTADT SWAKOPMUND, UM AM ENDE DEN ETOSHA-NATIONALPARK ZU ERREICHEN.

FISH SHOP
FISH SHOP
SUGAR.
BOKOMO
SUPER
N 882-288 W

IN KLEINEREN STÄDTEN LERNTEN WIR „DAS ECHTE NAMIBIA" KENNEN – MIT VIELFÄLTIGEN MENSCHEN UNTERSCHIEDLICHSTER ETHNIEN, DIE DIE BUNTEN STRASSEN ZUM LEBEN ERWECKEN. DA LOHNT ES SICH, SELBST MIT DEM AUTO ZU REISEN, UM LAND UND LEUTE ABSEITS DER GÄNGIGEN TOURISMUS-HOTSPOTS KENNENZULERNEN.

TASTE OF NAMIBIA

DIE GESCHMACKSESSENZ VON NAMIBIA. GEWÜRZE UND KRÄUTER SPIELEN IN DER NAMIBISCHEN KÜCHE EINE GROSSE ROLLE. DURCH DIE VERSCHIEDENSTEN EINFLÜSSE ANDERER LÄNDER ERÖFFNET SICH EINE VIELSEITIGE UND AUFREGENDE BANDBREITE AN GESCHMACKSRICHTUNGEN. KEIN WUNDER ALSO, DASS STEFAN UND DIE ANKERCROWD VON IHREN KULINARISCHEN TRIPS NACH NAMIBIA GLEICH DREI MISCHUNGEN UND EIN SALZ MITGEBRACHT HABEN, DIE EINEN HAUCH NAMIBIA AUF DEN HEIMISCHEN TELLER ZAUBERN.

CHAKALAKA

In diesem Rub treffen aromatische Tomaten und Paprika auf feurige Chili und würziges Cumin. Perfekt geeignet für ein Flat Chicken vom Braai, dem traditionellen Grill in Südafrika. Worauf wartest du noch? Schmeiß den Grill... äh Braai an!

KAPANA

Die Gewürzmischung ist nicht nur wichtiger Bestandteil des wohl bekanntesten gleichnamigen Streetfood-Gerichts, sondern auch vielseitig einsetzbar. Sei es als Rub für die verschiedensten Sorten Fleisch oder als würzende Grundlage für Eintöpfe und Suppen: Mehr Namibia geht nicht!

NAMIB CURRY

Anderes Land, anderes Curry: Auch Namibia hat sein ganz eigenes Rezept für das beliebte Onepot-Gericht. Mit Kurkuma, Chili, Kreuzkümmel und Koriandersaat holst du dir den köstlichen Geschmack des Namib-Currys in die heimische Küche. Für alle, die sich geschmacklich auf Fernreise nach Namibia begeben wollen oder einfach gern in Erinnerungen an eine vergangene Reise schwelgen.

KALAHARI UR-SALZ

Ein Salz der Extraklasse! Inmitten der Kalahari wird das Salz in unterirdischen Seen in mühevoller Handarbeit abgebaut. Da die Salzvorkommen fernab der Zivilisation unter Tage liegen, sind sie größtenteils vor Umwelteinflüssen geschützt. Und dieser Aufwand lohnt sich, denn schließlich gilt das Kalahari Ur-Salz als besonders rein und wird vor allem von Gourmets geschätzt.

KALAHARI

ROSTROTER SAND, GOLDENE GRASEBENEN UND UNENDLICHE WEITEN: MIT EINER FLÄCHE VON RUND 1,2 MILLIONEN QUADRATKILOMETERN IST DIE KALAHARI FAST DREIMAL SO GROSS WIE DEUTSCHLAND. DABEI HANDELT ES SICH BEI DER KALAHARI-WÜSTE EHER UM EINE TROCKENSAVANNE. DIE HIER BEHEIMATETEN PFLANZEN SIND ECHTE ÜBERLEBENSKÜNSTLERINNEN, DENN SIE HABEN SICH ÜBER DIE JAHRTAUSENDE HINWEG AN DIE EXTREMEN KLIMATISCHEN BEDINGUNGEN ANGEPASST: SIE ÜBERLEBEN BIS ZU EINEM JAHR OHNE REGEN. WENN DIE REGENZEIT BEGINNT, PROFITIEREN NICHT NUR SIE DAVON. AUCH DIE SALZPFANNEN, DIE DIE LANDSCHAFT DURCHZIEHEN, VERWANDELN SICH IN LEBENSSPENDENDE SEEN. HIER WIRD AUCH UNSER KALAHARI UR-SALZ ABGEBAUT!

IN DER NATUR ZU HAUSE

FREDERIK

Wer mit Frederik unterwegs ist, lernt, die Welt mit ganz anderen Augen zu sehen, entdeckt geheime Spuren und ist von seinem Wissen über die Natur fasziniert. „Schau mal, hier, das ist eine Giraffenspur. Und hier ist vor gar nicht allzu langer Zeit ein Strauß langgelaufen." Der 52-Jährige stammt aus dem Volk der Nama und wuchs im Süden Namibias auf einer Farm auf. Er ist der perfekte Guide, denn Frederik kennt die Kalahari wie kein anderer. So bückt er sich plötzlich im Gehen und findet Artefakte seiner Vorfahren: Eine Tonscherbe, in der vor Jahrzehnten „Potjiekos" gekocht wurde. Klar, dass Frederik uns dann auch gleich vor Ort zeigt, wie wir die namibische Spezialität zubereiten können. Ein traditionelles Eintopfgericht, das in einem großen dreibeinigen Topf aus Gusseisen über einem Holzfeuer gegart wird. Dabei werden die verschiedenen Zutaten für das besondere Aroma geschichtet.

Du möchtest mehr über Frederik erfahren?
Schau dir hier unseren Reise-Vlog an!

POTJIEKOS

SCHICHT-EINTOPF

30 MIN.

90 MIN.

4 PORTIONEN

ZUTATEN

1 EL BUTTERSCHMALZ (ODER GHEE)
500 G RINDERGULASCH
1 TL ANKERKRAUT KALAHARI UR-SALZ (TASTE OF NAMIBIA)
1 TL ANKERKRAUT 9 PFEFFER SYMPHONIE, FRISCH GEMAHLEN
2 MITTELGROSSE ZWIEBELN
2 KNOBLAUCHZEHEN
3 TL ANKERKRAUT NAMIB CURRY (TASTE OF NAMIBIA)
2 EL TOMATENMARK
100 ML ROTWEIN
250 ML RINDERFOND
8 MITTELGROSSE KARTOFFELN
5 MITTELGROSSE KAROTTEN
1 MITTELGROSSE SÜSSKARTOFFEL
1 GROSSE ZUCCHINI
250 G CHAMPIGNONS

AUSSERDEM

POTJIE (DREIBEINIGER GUSSEISERNER TOPF)

1. Zunächst den Potjie über dem Feuer auf hohe Temperatur aufheizen, darin das Butterschmalz zerlassen und dann das Fleisch in der Butter rundherum scharf anbraten. Mit Salz und Pfeffer würzen. Das Fleisch herausnehmen und beiseitestellen.

2. Die Zwiebeln und den Knoblauch schälen und klein schneiden, in den Topf geben und anschwitzen, bis sie glasig sind. Namib Curry und Tomatenmark hinzugeben und kurz mit anrösten. Dann mit Rotwein und Rinderfond ablöschen. Das Fleisch wieder dazugeben, alles gut verrühren und für 45 Minuten bei kleiner Flamme köcheln lassen.

3. In der Zwischenzeit das restliche Gemüse putzen, die Kartoffeln, die Süßkartoffel und die Karotten schälen, alles in mundgerechte Stücke schneiden und dann in folgender Reihenfolge auf dem Fleisch aufschichten: Kartoffeln, Karotten, Süßkartoffel, Zucchini und Champignons. Etwas Salz und Pfeffer darübergeben und den Deckel schließen. Typischerweise wird Potjiekos während des Garens nicht mehr umgerührt, denn jede Zutat soll als einzelner Bestandteil wahrgenommen werden. Zur Vermischung der Aromen dient vor allem der entstehende Dampf, der von unten aufsteigt.

4. Nun alles für etwa 45 Minuten mit geschlossenem Deckel bei kleiner Flamme köcheln lassen. Bei Bedarf zwischendurch Wasser nachgießen.

GEMEINSAMER GENUSS

WER TRADITIONELL NAMIBISCH SPEISEN MÖCHTE, KOMMT UM EIN „BRAAI", DAS GRILLEN ÜBER OFFENEM FEUER, NICHT HERUM. ALS FESTER BESTANDTEIL DER NAMIBISCHEN ESSKULTUR IST ES VOR ALLEM AUCH EIN SOZIALER TREFFPUNKT. HIER KOMMEN DIE LEUTE ZUSAMMEN, GENIESSEN EINEN SUNDOWNER UND DAS LEBEN.

ALLES LEKKER?

IN NAMIBIA WIRD DER AUSDRUCK „LEKKER“ IN SÄMTLICHEN LEBENSLAGEN VERWENDET – UND NICHT NUR, WENN ES UMS ESSEN GEHT. SO KANN EIN SANDWICH LEKKER SEIN, ABER EBENSO AUCH EIN ABEND MIT FREUND:INNEN ODER EIN AUTO. DIE GRUSSFORMEL „HAVE A LEKKER DAY“ GEHÖRT GENAUSO IN DEN SPRACHLICHEN ALLTAG WIE „HAVE A LEKKER MEAL“. ALLES LEKKER EBEN IN NAMIBIA!

STEAK MIT KNOBLAUCH-BUTTER

10 MIN.

1 STD.

4 PORTIONEN

ZUTATEN

2 KNOBLAUCHZEHEN
200 G BUTTER
1 EL ANKERKRAUT ROASTED GARLIC
1 TL ANKERKRAUT KRÄUTERBUTTER GEWÜRZ
4 RIB-EYE-STEAKS À CA. 350 G (CA. 3 CM DICK, GUT MARMORIERT)
30 ML RAPSÖL

AUSSERDEM

GUSSEISENPFANNE
BRATENTHERMOMETER

1. Die Steaks etwa 1 Stunde vorm Grillen aus dem Kühlschrank holen, damit sie Raumtemperatur annehmen.
2. Den Knoblauch schälen und in eine Schüssel pressen. Mit einem Handrührgerät mit der Butter und den Gewürzen vermengen und alles cremig rühren. Die Buttermasse zu einer Rolle formen und in Backpapier eingewickelt für etwa 1 Stunde kalt stellen, sodass sie wieder fest ist und gut in Scheiben geschnitten werden kann.
3. Den Grill vorheizen und die Pfanne über direkter Hitze ebenfalls heiß werden lassen.
4. Die Steaks mit etwas Rapsöl einreiben, in die heiße Pfanne geben und bis zu einer Kerntemperatur von 45 – 48 °C scharf anbraten. Dabei sollten sie nach etwa 90 Sekunden einmal gewendet werden. Haben die Steaks die gewünschte Temperatur erreicht, kommt die Hälfte der Butter in die Pfanne und wird zerlassen. Die Butter dann mit einem Esslöffel immer wieder aus der Pfanne schöpfen und über die Steaks gießen, bis sie eine Kerntemperatur von 56 °C erreicht haben. Die Steaks vom Feuer nehmen.
5. Die restliche Butter in 4 Portionen schneiden und auf die Steaks legen. Die Steaks sollten vor dem Servieren 3 – 5 Minuten ruhen.

— TIPP —

Die Frittata kann je nach Gusto um weitere Zutaten wie Frühlingszwiebeln oder Paprika erweitert werden und eignet sich damit auch hervorragend zur Resteverwertung.

GEMÜSE-FRITTATA

 45 MIN.

 4 PORTIONEN

ZUTATEN

- 500 G FESTKOCHENDE KARTOFFELN
- 1 TL ANKERKRAUT KALAHARI UR-SALZ (TASTE OF NAMIBIA)
- 2 LITER WASSER + 1 LITER KALTES WASSER
- 1 ZWIEBEL
- 2 KNOBLAUCHZEHEN
- 1 EL BUTTERSCHMALZ (ODER GHEE)
- 6 EIER (GRÖSSE M)
- 120 ML SAHNE
- 2 TL ANKERKRAUT REISPFANNE ORIENTALISCH

AUSSERDEM

- 2 GUSSEISENPFANNEN

1. Den Grill oder die Feuerstelle vorheizen.
2. Die Kartoffeln waschen, schälen, in etwa 1 x 1 cm große Würfel schneiden und in Salzwasser kochen, bis sie gar sind. Die Kartoffeln mithilfe einer Schaumkelle aus dem heißen Wasser holen, in ein kaltes Wasserbad geben und runterkühlen, damit sie nicht weiter garen. Anschließend wieder herausnehmen, abtropfen lassen und beiseitestellen.
3. Die Zwiebel und den Knoblauch schälen und fein würfeln.
4. In einer Pfanne das Butterschmalz zerlassen und die Kartoffeln bei mittlerer Hitze darin rundherum anbraten. Die Zwiebel und den Knoblauch dazugeben und ebenfalls anrösten. Wichtig ist, dass die Kartoffeln nicht gerührt, sondern behutsam gewendet werden.
5. In der Zwischenzeit die Eier aufschlagen und mit der Sahne und dem Reispfannen-Gewürz verquirlen.
6. Sobald die Kartoffeln rundherum goldbraun angebraten sind, alles mit der Eier-Sahne-Mischung übergießen und mit einer zweiten Pfanne zudecken.
7. Sobald die Eier-Sahne-Mischung stockt und fest wird, beide Pfannen fest zusammenpressen und um 180 ° drehen, sodass die obere Pfanne unten ist und die Frittata auch von der anderen Seite gart. Sobald die Masse fest ist, kann die Frittata serviert werden.

F. DICK

BRANDY-STEAK MIT PFEFFER-KRUSTE

15 MIN.

2 PORTIONEN

ZUTATEN

150 G BUTTER (RAUMTEMPERATUR)
5 EL ANKERKRAUT 9 PFEFFER SYMPHONIE
60 ML BRANDY
(MIT MÖGLICHST HOHEM PROMILLE-GEHALT)
2 RINDERFILETS À 200 G
2 EL OLIVENÖL
1 EL BUTTERSCHMALZ (ODER GHEE)

AUSSERDEM

GUSSEISENPFANNE
BRATENTHERMOMETER

1. Die Butter, 1 EL Pfeffer und 30 ml Brandy in einer Schüssel gut miteinander vermengen.
2. Den restlichen Pfeffer auf einem flachen Teller verteilen. Die Rinderfilets rundherum mit Olivenöl bestreichen und so in der Pfeffermischung wälzen, dass die Schnittflächen frei bleiben.
3. Das Butterschmalz in der Pfanne erhitzen und die Steaks bis zu einer Kerntemperatur von 54 °C darin braten.
4. Die Brandy-Butter-Mischung mit in die Pfanne geben und die geschmolzene Butter mithilfe eines Löffels immer wieder auf den Steaks verteilen. Den restlichen Brandy hinzugeben und die Steaks zügig flambieren (Achtung, Stichflamme möglich!). Das Ganze so lange flambieren, bis die Flamme verlischt.

AK
ANKERKRAUT
Kartoffelsalat Gewürz
WIE VON MAMA

SÜDAFRIKANISCHER KARTOFFELSALAT

60 MIN.

6 PORTIONEN

ZUTATEN

- 12 MITTELGROSSE FESTKOCHENDE KARTOFFELN
- 10 EIER (GRÖSSE M)
- 1 BUND FRÜHLINGSZWIEBELN
- 1 MITTELGROSSE ESSIGGURKE
- 350 ML SALATMAYONNAISE
- 400 G GEZUCKERTE KONDENSMILCH
- 2 EL ANKERKRAUT KARTOFFELSALAT GEWÜRZ
- 2 STÄNGEL FRISCHE PETERSILIE
- NACH BELIEBEN ANKERKRAUT KALAHARI UR-SALZ (TASTE OF NAMIBIA)
- NACH BELIEBEN ANKERKRAUT 9 PFEFFER SYMPHONIE, FRISCH GEMAHLEN

1. Die Kartoffeln waschen und dann ganz und ungeschält für circa 15 – 20 Minuten kochen. Sie sollten nicht zu weich sein. Auskühlen lassen, pellen und in etwa 0,5 cm dicke Scheiben schneiden.
2. In der Zwischenzeit die Eier 10 Minuten kochen und anschließend mit kaltem Wasser abschrecken. Die Eier etwas abkühlen lassen, pellen und achteln.
3. Die Frühlingszwiebeln putzen und in Ringe schneiden. Die Essiggurke fein würfeln und beides mit den Kartoffeln und den Eiern in eine große Schüssel geben.
4. Die Kondensmilch zusammen mit der Mayonnaise und dem Kartoffelsalat-Gewürz zu einem Dressing verrühren, zum Kartoffelsalat hinzugeben und alles vorsichtig miteinander vermengen. Nach Belieben mit Salz und Pfeffer abschmecken. Die Petersilie fein hacken und darübergeben.
5. Wenn möglich vor dem Servieren für einige Stunden im Kühlschrank durchziehen lassen.

PAMPOENKOEKIES

KÜRBISKRAPFEN

 30 MIN.

 4-6 PORTIONEN

FÜR DEN TEIG

500 G HOKKAIDO-KÜRBIS
240 G WEIZENMEHL (TYPE 405)
2 EL BACKPULVER
2 EL ANKERKRAUT ROHRZUCKER
½ TL ANKERKRAUT ZIMT
1 EI (GRÖSSE M)
½ TL ANKERKRAUT KALAHARI UR-SALZ (TASTE OF NAMIBIA)
CA. 1 L GESCHMACKSNEUTRALES ÖL (SONNENBLUMENÖL, FRITTIERÖL), MENGE JE NACH GRÖSSE DES TOPFES

FÜR DIE SOSSE

500 ML MILCH (3,8 %)
½ PACKUNG VANILLEPUDDINGPULVER
1 EL ANKERKRAUT TONKA-ZUCKER

1. Den Kürbis waschen, halbieren, die Kerne mit einem Esslöffel abschaben und entfernen, dann das Kürbisfleisch in Würfel schneiden. Da beim Hokkaido-Kürbis die Schale mitgegessen werden kann, ist es nicht nötig, den Kürbis vorher zu schälen. Die Kürbiswürfel in einen Topf geben und mit Wasser bedecken. Aufkochen und circa 8 – 15 Minuten köcheln lassen. Zwischendurch mit einem kleinen Küchenmesser testen, ob der Kürbis schon weich ist.
2. Den Kürbis abgießen, mit einem Stabmixer pürieren und abkühlen lassen. Anschließend das Kürbispüree mit dem Mehl, dem Backpulver, dem Zucker, dem Zimt, dem Ei und dem Salz zu einem glatten Teig verarbeiten.
3. Das Öl in einem Topf erhitzen. Tipp: Holzstiel eines Kochlöffels in das Öl halten. Die richtige Temperatur ist erreicht, wenn sich um das Holz herum kleine Bläschen bilden und nach oben steigen. Alternativ kann die Temperatur auch mit einem Bratenthermometer gemessen werden. 180 °C sind ideal zum Frittieren der Pampoenkoekies. Mit bemehlten Händen aus dem Teig etwa golfballgroße Kugeln formen. Wer seine Hände sauber halten möchte, nimmt zwei Esslöffel und sticht aus dem Teig Nocken ab.
4. Mithilfe eines Esslöffels die Teigbällchen ins Öl geben, frittieren und dabei regelmäßig wenden, bis sie rundherum goldbraun sind (circa 2 – 3 Minuten). Dabei nicht zu viele Teiglinge gleichzeitig frittieren, da der Teig noch aufgeht. Die fertigen Pampoenkoekies auf ein Küchentuch geben und abtropfen lassen.
5. Für die Soße 2 – 3 EL von der Milch abnehmen, mit dem Puddingpulver und dem Tonka-Zucker in einem kleinen Gefäß glatt rühren. Den Rest der Milch in einem Topf aufkochen. Die Mischung zur kochenden Milch in den Topf geben und unter ständigem Rühren eine weitere Minute köcheln lassen. Die Vanillesoße in eine Schüssel umfüllen.
6. Zum Servieren die Pampoenkoekies mit der Soße übergießen oder die Soße in eine Schüssel geben, sodass die Bällchen in die Soße gedippt werden können.

TASTE OF
ANKERKRAUT
KAPANA

KAPANA MIT MIELIE PAP

RINDFLEISCH MIT MAISBREI

45 MIN.

4 PORTIONEN

FÜR DIE TOMATEN-SALSA

2 GROSSE FLEISCHTOMATEN
1 KLEINE SÜSSE ZWIEBEL
4 STÄNGEL GLATTE PETERSILIE
2 EL OLIVENÖL
1 EL WEISSWEINESSIG
2 TL ANKERKRAUT ORIENTALISCHE SALSA

FÜR DAS MIELIE PAP

500 ML WASSER
1 PRISE ANKERKRAUT KALAHARI UR-SALZ (TASTE OF NAMIBIA)
100 G MAISMEHL (ERSATZWEISE GRIESS ODER POLENTA)

FÜR DAS FLEISCH

800 G ENTRECÔTE
1 PRISE ANKERKRAUT KALAHARI UR-SALZ (TASTE OF NAMIBIA)
4 TL ANKERKRAUT KAPANA (TASTE OF NAMIBIA)

AUSSERDEM

BRATENTHERMOMETER

1. Für die Salsa die Tomaten waschen, vierteln und das Innere mit einem Löffel entfernen. Das Tomatenfleisch in feine Würfel schneiden. Die Zwiebel schälen und ebenfalls in feine Würfel schneiden. Die Petersilie waschen, die Blätter abzupfen und fein hacken. Dann alles mit Olivenöl, Essig und Gewürzmischung in eine Schüssel geben und gut vermengen.
2. Den Grill vorheizen.
3. Für den Maisbrei das Wasser mit einer Prise Salz in einem Topf erwärmen. Dann etwa die Hälfte des Maismehls hinzugeben und mit einem Schneebesen gut verrühren. Die Mischung aufkochen lassen und nach und nach das restliche Maismehl hinzugeben. Ab hier besser auf einen Holzlöffel zum Rühren umsteigen, da die Masse sehr fest wird. Zum Ende die Hitze reduzieren und das Ganze noch mal zugedeckt 2 Minuten köcheln lassen.
4. Das Steak von beiden Seiten mit etwas Salz würzen und über direkter Hitze von beiden Seiten jeweils 2 Minuten grillen. Das Steak dann über die indirekte Hitze legen und bis zur gewünschten Kerntemperatur ziehen lassen. Für ein Medium-Steak empfehlen wir eine Kerntemperatur von 56 °C. Zum Servieren das Fleisch in feine Streifen schneiden.
5. Das Fleisch mit dem Mielie Pap und der Salsa portionsweise anrichten. Zum Fleisch pro Person jeweils 1 TL Kapana-Gewürzmischung servieren. Ganz klassisch wird das Fleisch beim Essen in die Gewürzmischung gedippt.

NAMIB

DIE NAMIBWÜSTE – EIN ORT DER SUPERLATIVE. NICHT NUR, DASS SIE DIE HÖCHSTEN DÜNEN DER WELT BEHEIMATET. SIE IST MIT EINEM STOLZEN ALTER VON 80 MILLIONEN JAHREN AUCH DIE ÄLTESTE WÜSTE DER WELT. BESONDERS BEEINDRUCKEND IST DIE SALZ-LEHM-PFANNE SOSSUSVLEI, DIE VON MÄCHTIGEN SANDDÜNEN UMGEBEN IST. DIE DÜNEN ERREICHEN TEILWEISE EINE HÖHE VON RUND 300 METERN. EIN WEITERES HIGHLIGHT IST DEADVLEI. HIER RAGEN DIE VON DER SONNE GESCHWÄRZTEN UND AUSGEDÖRRTEN ÜBERRESTE VON MEHR ALS TAUSEND JAHRE ALTEN KAMELDORNBÄUMEN IN DEN HIMMEL. DIESES NATURSCHAUSPIEL IST SURREAL UND BEEINDRUCKEND ZUGLEICH.

NAMIB DUNE STAR CAMP

IM NAMIB DUNE STAR CAMP WIRD DER BEGRIFF „HIMMELBETT" ZUM LEBEN ERWECKT. DENN HIER ÜBERNACHTEN DIE GÄSTE UNTER DEM FUNKELNDEN STERNENHIMMEL NAMIBIAS. KEIN WUNDER, DASS DIESE UNTERKUNFT FÜR STEFAN UND DIE ANKERCROWD ZUM ABSOLUTEN HIGHLIGHT AUF IHRER REISE GEWORDEN IST.

So hautnah erlebt man die namibische Natur schließlich nicht alle Tage. Die Unterkunft ist mit neun Zimmern klein, fein und familiär: Beim gemeinsamen Abendessen kommen alle zusammen und berichten in gemütlicher Atmosphäre von ihren aufregenden Erlebnissen. Und sobald die Sonne untergeht, heißt es: Betten ausrollen. Im ersten Moment noch etwas beängstigend, immerhin leben in der Umgebung wilde Tiere wie Schlangen und Wüstenchamäleons, die jederzeit mit ins Bett hüpfen könnten. Wenn man sich aber erst mal in das gemütliche Bett eingekuschelt hat und einen Blick in den Himmel wagt, sind alle Sorgen vergessen. Nach dem Sonnenuntergang werden Sternschnuppen gezählt, bis man einschläft und am nächsten Morgen von den ersten Sonnenstrahlen des Tages geweckt wird. Ohne Handyempfang ist es ganz leicht, mitten in der Wüste mal wieder einfach nur den Moment zu genießen und seine Gedanken spazieren gehen zu lassen. Auf Komfort muss hier allerdings niemand verzichten: Mitten in der Wüste erwarten einen warme Duschen und weiche Betten.

Übrigens: Namibias Nachthimmel zählt zu den dunkelsten weltweit. Die niedrige Bevölkerungsdichte, die geringe Luftverschmutzung und eine fast nicht vorhandene Lichtverschmutzung durch künstliche Lichtquellen machen das Land zu einem idealen Ort für Sternenbeobachtungen. Neben der Milchstraße lässt sich noch eine Vielzahl weiterer Sternbilder am namibischen Nachthimmel entdecken – bis zu 6.000 einzelne Himmelskörper sind erkennbar, darunter auch das wohl bekannteste Sternbild, das „Kreuz des Südens". Generell gibt es südlich des Äquators mehr Sterne als nördlich davon, und ein Großteil ist bereits mit dem bloßen Auge zu erkennen. Hobby-Astronomen aufgepasst: Wer noch mehr Details erkennen möchte, nimmt ein Fernglas mit ins Bett!

— TIPP —

Im Idealfall den Salat für einige Stunden im Kühlschrank ziehen lassen. Dann schmeckt er besonders lecker.

DREI-BOHNEN-SALAT

15 MIN.

6 PORTIONEN

ZUTATEN

400 G KICHERERBSEN (AUS DER DOSE)
400 G ROTE KIDNEYBOHNEN (AUS DER DOSE)
400 G GRÜNE BOHNEN (AUS DER DOSE)
½ MITTELGROSSE ROTE ZWIEBEL
½ BUND FRISCHE PETERSILIE
4 KNOBLAUCHZEHEN
2 MITTELGROSSE LIMETTEN
3 EL (45 G) NATIVES OLIVENÖL EXTRA
60 ML ROTWEINESSIG
2 TL ANKERKRAUT REISPFANNE ORIENTALISCH
NACH BELIEBEN ETWAS ANKERKRAUT ROHRZUCKER ZUM ABSCHMECKEN

1. Die Kichererbsen und die Kidneybohnen in ein Sieb geben, abspülen und abtropfen lassen. Die grünen Bohnen abgießen. Die Zwiebel schälen und fein würfeln. Die Petersilie abspülen und fein hacken.
2. Für das Dressing den Knoblauch schälen und hacken, die Limetten entsaften. In einer kleinen Schüssel Knoblauch, Limettensaft, Olivenöl, Rotweinessig und Reispfanne Orientalisch miteinander verquirlen. Das Dressing abschmecken, und wenn es zu sauer und bitter erscheint, etwas Zucker hinzufügen.
3. In einer großen Schüssel die Kichererbsen und die zwei Bohnensorten, die Zwiebel und die Petersilie miteinander vermengen. Das Dressing über den Salat gießen und vorsichtig unterheben.

FLAT CHICKEN

GANZES HÄHNCHEN

 40 MIN.

 1 STD.

 2 PORTIONEN

ZUTATEN

1 HÄHNCHEN, CA. 1,2 KG
60 ML SONNENBLUMENÖL
2 EL ANKERKRAUT AFRICA DESERT DUST

AUSSERDEM

GEFLÜGELSCHERE
(ODER KRÄFTIGE KÜCHENSCHERE)
BRATENTHERMOMETER

1. Den Grill auf direkte niedrige bis mittlere Hitze vorheizen.
2. Das Hähnchen auf die Brust legen und zunächst den Bürzel entfernen. Dann mit einer Geflügelschere (oder einer kräftigen Küchenschere) links und rechts an der Wirbelsäule entlang schneiden, um sie herauszutrennen. Das Hähnchen aufklappen und umdrehen, dann mit leichtem Druck auf das Brustbein platt drücken. Das Brustbein sollte dabei brechen.
3. 60 ml Sonnenblumenöl mit 2 EL Africa Desert Dust vermischen, das Hähnchen damit einreiben und mindestens 1 Stunde im Kühlschrank marinieren.
4. Das Hähnchen für 25 – 30 Minuten auf der Knochenseite über dem offenen Feuer grillen. Anschließend wenden und nochmals für etwa 5 Minuten grillen, bis eine Kerntemperatur von 75 – 80 °C erreicht ist. Beim Einstechen an der dicksten Stelle sollte klarer Fleischsaft austreten.

Eine der größten Herausforderungen beim Grillen eines ganzen Hähnchens ist seine ungleichmäßige Form und die damit verbundenen unterschiedlichen Garzeiten der einzelnen Teile. Mit der sogenannten „Roadkill Method“ (englisch, sinngemäß „Überfahrenes-Tier-Methode“) wird das Problem umgangen: Das Hähnchen wird einfach flach gedrückt.

CHICKEN-SOSATIES

HÄHNCHENSPIESSE

30 MIN.

1 STD.

4 PORTIONEN

FÜR DIE MARINADE

1 MITTELGROSSE ROTE ZWIEBEL
2 KNOBLAUCHZEHEN
250 ML ZITRONENSAFT
2 EL NATIVES OLIVENÖL
3 EL APRIKOSENMARMELADE
1 EL ANKERKRAUT MAROKKANISCHER HONIG RUB
1 EL ANKERKRAUT ROHRZUCKER

FÜR DIE SPIESSE

600 G HÄHNCHENBRUST (OHNE HAUT UND KNOCHEN)
1 MITTELGROSSE ROTE ZWIEBEL
16 GETROCKNETE APRIKOSEN

AUSSERDEM

4 GRILLSPIESSE
PINSEL
BRATENTHERMOMETER

1. Zunächst für die Marinade die Zwiebel und den Knoblauch schälen, fein würfeln und in eine Schüssel geben. Den Zitronensaft, das Olivenöl, die Aprikosenmarmelade und die Gewürze hinzugeben und alles gut miteinander vermengen.
2. Die Hähnchenbrust in mundgerechte Würfel schneiden und ebenfalls zur Marinade geben. Das Fleisch sollte jetzt mindestens für 1 Stunde, besser noch über Nacht, im Kühlschrank marinieren. Tipp: Wer keine Zeit hat, kann das Fleisch auch mit den Händen kneten und so die Marinade einmassieren (1 Minute kneten = circa 1 Stunde marinieren).
3. In der Zwischenzeit die Aprikosen für circa 15 Minuten in heißem Wasser einweichen. Die Zwiebel schälen und in mundgerechte Stücke schneiden. Das marinierte Fleisch, die abgetropften Aprikosen und die Zwiebelstücke abwechselnd auf die Spieße stecken, mit einer Aprikose beginnen.
4. Die Chicken-Sosaties für circa 8 Minuten direkt bei mittlerer Hitze (circa 180 °C) grillen. Dabei ab und zu wenden und immer wieder mit der restlichen Marinade bepinseln. Das Fleisch ist gar, sobald eine Kerntemperatur von 75 °C erreicht ist.

FLEISCHSORTEN

ZEBRAFLEISCH BESITZT VON NATUR AUS WÜRZIG-WILDE NOTEN UND IST IM GESCHMACK ETWAS SÜSSLICHER ALS RIND. UM DIE TYPISCHE SAFTIG-ZARTE KONSISTENZ ZU BEWAHREN, SOLLTE DAS FLEISCH NICHT ZU LANGE GEGART WERDEN. ZEBRAFLEISCH WIRD TRADITIONELL AUF DEM GRILL ZUBEREITET. SERVIERT MIT CHAKALAKA, EINEM DER BELIEBTESTEN STREETFOOD-GERICHTE IN NAMIBIA, IST ZEBRAFLEISCH NICHT NUR FÜR FEINSCHMECKER EINE ECHTE DELIKATESSE!

GESCHMACKLICH ERINNERT DAS KROKODIL AN HÄHNCHEN ODER PUTE UND ZÄHLT MIT SEINEM FETTGEHALT VON 1,9 PROZENT ZU DEN CHOLESTERINARMEN FLEISCHSORTEN. DIE ESSBAREN TEILE WIE SCHULTER, RÜCKEN UND SCHWANZ WERDEN ZU STEAKS, KOTELETTS UND FILETS VERARBEITET. KROKODILFLEISCH IST AUF DEM GRILL EBENSO BELIEBT WIE IN SUPPEN UND EINTÖPFEN. DA ES VON NATUR AUS EINEN EHER MILDEN EIGENGESCHMACK HAT, DARF DIE MARINADE GERN UMSO KRÄFTIGER SEIN. KNOBLAUCH UND CURRY SIND BELIEBTE ZUTATEN, UM DAS BESTE AUS DEM KROKODIL RAUSZUHOLEN!

HIER KOMMEN MEAT-JUNKIES AUF IHRE KOSTEN. DENN IN DER NAMIBISCHEN KÜCHE SPIELT FLEISCH EINE ÜBERAUS WICHTIGE ROLLE. DURCH DIE EXTREMEN KLIMATISCHEN BEDINGUNGEN VOR ORT IST DER ANBAU VON OBST UND GEMÜSE SEHR SCHWIERIG. NEBEN RINDFLEISCH LANDET HIER VOR ALLEM WILDFLEISCH WIE ZEBRA UND SPRINGBOCK AUF DEM GRILLROST – STETS REGIONAL UND IN BESTER QUALITÄT, DENN DIE TIERE LEBEN FERNAB VON MENSCHLICHER EINMISCHUNG IN FREIER WILDBAHN.

STRAUSSENFLEISCH IST FAST (ABER NUR FAST) ZU SCHADE FÜR MARINADE. DENN IM GEGENSATZ ZUM KROKODILFLEISCH BESITZT ES VON NATUR AUS EINEN SEHR EXQUISITEN EIGENGESCHMACK, DER, UNTERSTRICHEN MIT EINER MILDEN MARINADE, HERVORRAGEND ZUR GELTUNG KOMMT. AUF KRÄFTIGE SOSSEN UND GEWÜRZE SOLLTE ZUGUNSTEN DES NATÜRLICHEN EIGENAROMAS VERZICHTET WERDEN. EIN TYPISCH NAMIBISCHES GERICHT IST GULASCH: HIER WIRD DAS FLEISCH MIT INGWER, PFLAUMEN, ZIMT UND ROTWEIN VEREDELT. EIN GERICHT DER EXTRAKLASSE!

SPRINGBÖCKE SIND REINE VEGETARIER UND ERNÄHREN SICH ZU 100 % VON WILDEN KRÄUTERN, GRÄSERN UND BLÄTTERN. DURCH DIE STÄNDIGE BEWEGUNG IN FREIER WILDBAHN UND DIE PFLANZLICHE ERNÄHRUNG IST DAS FLEISCH FETTARM UND DAZU NATÜRLICH AROMATISCH. SEIN ROTES, MAGERES FLEISCH ERINNERT GESCHMACKLICH AN DAMWILD UND WIRD AUCH WIE UNSER HEIMISCHES WILD ZUBEREITET. EGAL OB DEFTIG ODER SÜSS: BEI DER WAHL DER BEILAGEN SIND KEINE GRENZEN GESETZT. SPRINGBOCK LÄSST SICH BESTENS IN SÄMTLICHEN VARIATIONEN GENIESSEN.

LAMMRÜCKEN MIT ZITRONEN-BUTTER

15 MIN.

4 PORTIONEN

ZUTATEN

½ BIO-ZITRONE
150 G BUTTER
1 TL HONIG (NACH WAHL)
1 EL ANKERKRAUT ZITRONENPFEFFER
1 TL ANKERKRAUT RÜHREI GEWÜRZ
4 LAMMLACHSE

AUSSERDEM

ZITRUSREIBE
PINSEL
BRATENTHERMOMETER

1. Die Zitrone waschen, halbieren und die Schale abreiben.
2. Die Butter in einem kleinen Topf bei mittlerer Hitze zerlassen, jedoch nicht zu heiß werden lassen. Anschließend Zitronenabrieb, Honig, Zitronenpfeffer und das Rührei-Gewürz hinzugeben. Den Topf von der Hitze nehmen.
3. Das Lamm bei mittlerer direkter Hitze bis zur einer Kerntemperatur von 40 °C grillen (etwa 3 Minuten von jeder Seite). Sobald diese Temperatur erreicht ist, das Fleisch immer wieder mit der Buttermischung bestreichen. Dabei vorsichtig arbeiten, da Stichflammen entstehen können, wenn zu viel Fett in das Feuer tropft! Hat das Lammfleisch eine Kerntemperatur von 60 – 62 °C erreicht, ist es servierfertig. Zum Abschluss das Fleisch für 3 – 5 Minuten ruhen lassen.

ROCK SHANDY

ERFRISCHUNGSGETRÄNK

5 MIN.

2 PORTIONEN

ZUTATEN

10 EISWÜRFEL (JE NACH GRÖSSE MEHR ODER WENIGER)
200 ML MINERALWASSER MIT KOHLENSÄURE
200 ML ZITRONENLIMONADE
4–6 SPRITZER ANGOSTURA BITTER (JA NACH GUSTO)
1 BIO-ZITRONE

AUSSERDEM

2 GLÄSER (350 ML)

1. Die Eiswürfel auf die zwei Gläser verteilen. In jedes Glas die Hälfte des Mineralwassers und der Zitronenlimonade sowie 2 – 3 Spritzer Angostura Bitter geben. Alles mit einem langen Löffel verrühren.
2. Die Zitrone waschen, zwei schöne Scheiben abschneiden, eventuell vorhandene Kerne entfernen.
   Jeden Rock Shandy mit einer Zitronenscheibe garnieren und eiskalt genießen.

ANKERKRAUT

LAMM-SOSATIES

LAMMSPIESSE

30 MIN.

1 STD.

4 PORTIONEN

FÜR DIE MARINADE

¼ MITTELGROSSE ROTE ZWIEBEL
1 KNOBLAUCHZEHE
1 STÜCK INGWER (ETWA 1 – 2 CM)
3 EL APRIKOSENMARMELADE
3 EL WEISSWEINESSIG
1 EL ANKERKRAUT CURRY ROYAL GOLD
½ EL ANKERKRAUT KREUZKÜMMEL, GEMAHLEN
¼ TL ANKERKRAUT KALAHARI UR-SALZ (TASTE OF NAMIBIA)

FÜR DIE SPIESSE

500 G LAMMGULASCH
16 GETROCKNETE APRIKOSEN
¾ MITTELGROSSE ROTE ZWIEBEL

AUSSERDEM

4 GRILLSPIESSE

1. Zunächst für die Marinade eine Zwiebel schälen und ¼ davon fein würfeln. Die Zwiebelwürfel in einer kleinen Pfanne anbraten, bis sie glasig sind. Den Knoblauch und den Ingwer schälen, fein reiben und ebenfalls in die Pfanne geben. Für 1 Minute in der Pfanne mit anbraten. Die Aprikosenmarmelade, den Essig und die Gewürze hinzugeben und alles gut miteinander vermengen. Anschließend die Marinade in eine Schüssel geben und abkühlen lassen.
2. Das Lammfleisch falls notwendig in 4–5 cm große Würfel schneiden. Überschüssiges Fett oder Sehnen dabei entfernen. Das Fleisch mit der Marinade vermengen und mindestens für 1 Stunde im Kühlschrank ziehen lassen, besser noch über Nacht. Tipp: Wer keine Zeit hat, kann das Fleisch auch mit den Händen kneten und so die Marinade einmassieren (1 Minute kneten = circa 1 Stunde marinieren).
3. In der Zwischenzeit die Aprikosen für etwa 15 Minuten in heißem Wasser einweichen. Die restliche Zwiebel für die Spieße in mundgerechte Stücke schneiden. Das marinierte Fleisch, die abgetropften Aprikosen und die Zwiebelstücke abwechselnd auf die Spieße stecken, mit einer Aprikose beginnen.
4. Die Lamm-Sosaties für circa 8 Minuten bei direkter mittlerer Hitze (circa 180 °C) grillen, dabei regelmäßig wenden.

WURSTARTEN

HIER GEHT'S UM DIE WURST. EGAL OB ZUM GRILLEN, ALS SNACK ODER MIT EINEM KÜHLEN BIER BEIM GEMEINSAMEN FOODBALL-GUCKEN: DIE NAMIBIER:INNEN LIEBEN FLEISCH ZU JEDER TAGES- UND NACHTZEIT. BESONDERS WURST UND TROCKENFLEISCH ERFREUEN SICH GROSSER BELIEBTHEIT UND SIND EIN TRADITIONELLER BESTANDTEIL DER NAMIBISCHEN ESSKULTUR: SCHON DIE SIEDLER:INNEN, DIE TAGELANG IN DER WÜSTE UNTERWEGS WAREN, HATTEN TROCKENFLEISCH ALS HALTBAREN PROVIANT MIT DABEI. WER ALSO IN NAMIBIA ZU BESUCH IST, KOMMT AN DEN FOLGENDEN DREI KLASSIKERN AUF KEINEN FALL VORBEI!

BILTONG

Beef Jerky mal anders. Da die Stromversorgung auf den Farmen Namibias nicht immer zuverlässig, teilweise auch gar nicht verfügbar ist, wird Fleisch selbst heute noch traditionell durch Trocknen konserviert. Eine Trockenfleisch-Delikatesse ist Biltong, das in Namibia häufig aus Straußen-, Zebra- oder Springbockfleisch hergestellt wird. Dazu wird das Fleisch in Streifen geschnitten, mit Essig beträufelt und mit einer Gewürzmischung aus grobem Salz, schwarzem Pfeffer und Koriandersamen eingerieben. Das anschließende Trocknen ist durchaus zeitintensiv: Für ein bis zwei Wochen muss das Fleisch abhängen und verliert dabei bis zu 50 Prozent seines Gewichts. Durch die lange Trocknung sind die Aromen nun viel konzentrierter im Fleisch vorhanden und machen es umso schmackhafter! Auf den ersten Blick ist Biltong dem amerikanischen Trockenfleisch-Snack Beef Jerky ähnlich. Geschmacklich ist es aber viel würziger, aber oft auch zäher.

BOEREWORS

Die zur Schnecke aufgedrehte Wurst, wörtlich übersetzt mit Bauernwurst, ist eigentlich bei jedem Braai auf dem Rost zu finden. Kräftig gewürzt mit Thymian, Koriander, Muskatnuss und Worcestersoße, ist sie ein fester Bestandteil der traditionellen namibischen Küche.
Die Herstellung ist seit 1990 gesetzlich geregelt: Demnach muss eine frische Boerewors mindestens zu 90 Prozent aus Fleisch bestehen und darf den Fettgehalt von 30 Prozent nicht überschreiten.
Sie wird typischerweise zusammen mit Mielie Pap, dem festen Maisbrei, serviert.

DROËWORS

Droëwors wurde, wie auch die Boerewors, von den ersten niederländischen Siedler:innen entwickelt. In der Sonne getrocknet und somit konserviert, waren sie für die Siedler:innen der perfekte Proviant für lange Streifzüge durch das Hinterland.
Der Fleisch-Snack wird traditionell aus grob zerkleinertem Rind- oder Wildfleisch hergestellt und mit Koriandersamen, Nelken und Muskatnuss gewürzt. Auch heute noch ist Droëwors ein beliebter Snack für den kleinen Hunger und ein Dauerbrenner beim geselligen Zusammensein in Namibia.

„NIRGENDS AUF DER WELT FÜHLE ICH MICH SO FREI UND INSPIRIERT WIE IN NAMIBIA!"

Camillo

SWAKOPMUND

HIER TRIFFT WÜSTE AUF MEER – EIN ANBLICK, DEN ES SO AUF DER GANZEN WELT NUR DREIMAL ZU BESTAUNEN GIBT. DA ES DIREKT AM ATLANTIK LIEGT, IST ES IN SWAKOPMUND RUND 10 °C KÜHLER ALS IM REST DES LANDES. DER BENGUELASTROM, DER VOM KAP DER GUTEN HOFFNUNG NORDWÄRTS FLIESST, BRINGT KÜHLE LUFT MIT SICH UND MACHT DAS KLIMA ANGENEHM MILD. BESONDERS AUFFÄLLIG SIND HIER DIE DEUTSCHEN EINFLÜSSE AUS DER KOLONIALZEIT, DIE DIE STADT DURCHZIEHEN: GEBÄUDE IM FACHWERKSTIL, STRASSENNAMEN WIE „BISMARCKSTRASSE" UND EIN STRANDBAD, WIE ES AUCH AN DER OSTSEE STEHEN KÖNNTE. DAS STÄDTCHEN AM ATLANTIK IST ABER NOCH SO VIEL MEHR: KÜSTENFLAIR, PALMEN, MÖWEN UND RUND 8 STUNDEN SONNE AM TAG MACHEN SWAKOPMUND ZU EINEM BELIEBTEN AUSFLUGSZIEL. EINFACH MAL DIE SEELE BAUMELN LASSEN UND SICH DIE KÜHLE MEERESLUFT UM DIE NASE WEHEN LASSEN!

ANGLER UND BRAAI-PROFI

NEELS

Beim malerischen Sonnenaufgang nimmt uns Neels in Empfang und führt uns zu seinem Boot. Dem pensionierten Hotelfachmann ist seine Hingabe als Gastgeber nicht anzusehen. Schwärmt Neels dann aber vom Essen, den Geschmäckern und guten Zutaten, ist sofort klar: Hier haben wir es mit einem echten liebenswürdigen Foodie zu tun. Da passt es auch, dass er zwei eigene Restaurants betrieben hat. Unter anderem das „Anchor" (deutsch: Anker – passender geht's nicht). Und er baut nicht nur sein Gemüse selbst an, sondern angelt auch seinen Fisch am liebsten frisch aus dem Ozean. Und da sind wir jetzt: Das kleine Boot schaukelt aufs offene Meer hinaus. Es dauert nicht lange, da beißen schon die ersten Fische an. Unser Anfängerglück zahlt sich aus, und Neels zeigt uns sein ganz persönliches Rezept für den perfekten Braai-Fisch mit Zitronen-Kräuter-Butter. Direkt am Strand. Frischer und köstlicher geht es nicht. Gemeinsam genießen wir, bis uns unsere Reise weitertreibt.

Du möchtest mehr über Neels erfahren?
Schau dir hier unseren Reise-Vlog an!

MIT ZITRONEN-KRÄUTER-BUTTER

30 MIN. 4 PORTIONEN

ZUTATEN

- ½ BUND DILL
- ½ BUND SCHNITTLAUCH
- 4 KNOBLAUCHZEHEN
- 250 G BUTTER
- 2 TL ANKERKRAUT KALAHARI UR-SALZ (TASTE OF NAMIBIA)
- 2 TL ANKERKRAUT 9 PFEFFER SYMPHONIE, FRISCH GEMAHLEN
- 1 TL ANKERKRAUT KRÄUTERBUTTER GEWÜRZ
- 2 BIO-ZITRONEN
- 800 G KABELJAUFILET

AUSSERDEM

- KLAPPBARER EDELSTAHL-GRILLKORB FÜR FISCH
- ALUFOLIE (MÖGLICHST DICK)
- ZESTENSCHNEIDER
- STÖSSEL

1. Den Grill anheizen und den Grillkorb von einer Seite zweilagig mit Alufolie auslegen, sodass eine Seite des Korbs geschlossen ist.
2. Dill und Schnittlauch waschen und fein hacken. Den Knoblauch schälen und ebenfalls fein hacken. Alles zusammen mit der Butter in eine Schüssel geben und mit dem Kräuterbutter-Gewürz sowie jeweils 1 TL Salz und Pfeffer würzen. Von den 2 gewaschenen Zitronen Zesten schneiden und zusammen mit dem Saft einer gewaschenen Zitrone zur Butter geben. Alles mit einem Stößel (verstärkt die Aromen) gut vermengen. Kühl stellen.
3. Den Kabeljau mit kaltem Wasser abspülen und mit einem Küchentuch trocken tupfen. Bei Bedarf in kleinere Stücke schneiden, auf dem Grillkorb verteilen und mit dem restlichen Salz und Pfeffer würzen.
4. Den Grillkorb über der direkten Hitze mit der offenen Seite nach unten auf dem Grill platzieren und den Fisch so lange grillen, bis er etwas Farbe bekommt (etwa 2 Minuten). Dann den Korb umdrehen und circa ⅓ der Butter in Flocken auf den Fischfilets verteilen. Vorgang noch weitere zwei Male wiederholen, sobald die Butter geschmolzen und in den Fisch eingezogen ist.
   Zum Schluss noch mit etwas frischem Zitronensaft beträufeln und servieren.

— TIPP —

Ideal passen dazu unsere Roosterkoek-Grillbrötchen *von S. 111*

PERI-PERI-GARNELEN

20 MIN.

4 PORTIONEN

ZUTATEN

500 G GARNELEN (MITTELGROSS, MIT KOPF UND SCHALE)
4 KNOBLAUCHZEHEN
2 EL LIMETTENSAFT
2 TL ANKERKRAUT KALAHARI UR-SALZ (TASTE OF NAMIBIA)
2 TL ANKERKRAUT PERI PERI RUB
2 EL OLIVENÖL
60 G BUTTER
1 TL ANKERKRAUT KRÄUTERBUTTER GEWÜRZ

AUSSERDEM

PINSEL

1. Den Grill auf etwa 160 °C vorheizen. Die Garnelen entdarmen. Dazu mit einer Schere die Schale am Rücken vorsichtig vom Kopf zum Schwanz hin aufschneiden und den Darm entfernen. Die Garnelen dann auf einen Teller geben. Die Knoblauchzehen schälen und fein hacken, die Hälfte davon mit 1 EL Limettensaft, Salz, Peri Peri Rub und Olivenöl zu einer Marinade vermengen und über die Garnelen geben. Kurz einziehen lassen.
2. Die Butter bei kleiner Hitze in einem Topf zerlassen und den restlichen Knoblauch, das Kräuterbutter-Gewürz und eine Prise Peri Peri Rub hinzufügen.
3. Die Garnelen von jeder Seite 3 – 4 Minuten grillen und dabei immer wieder mit der Marinade bepinseln. Die fertig gegrillten Garnelen auf einen Teller geben.
4. Die Butter von der Hitze nehmen und den restlichen Limettensaft einrühren. Die Garnelen von Kopf und Schale befreien, mit der Gewürzbutter übergießen und servieren.

ANKERKRAUT
GESCHMACKSMANUFAKTUR
Peri Peri Rub
BBQ-RUB / TROCKENMARINADE

TABOULEH

20 MIN.

6 PORTIONEN

ZUTATEN

- 60 G BULGUR
- 2 BUND GLATTE PETERSILIE
- 60 G FRISCHE MINZE
- 500 G CHERRY-TOMATEN
- 1 KLEINE WEISSE ZWIEBEL
- 2 ZITRONEN
- 60 ML NATIVES OLIVENÖL EXTRA
- 2 PRISEN ANKERKRAUT ZITRONENSALZ
- 2 PRISEN ANKERKRAUT 9 PFEFFER SYMPHONIE, FRISCH GEMAHLEN
- 1 PRISE ANKERKRAUT PERI PERI RUB

1. Den Bulgur zunächst in einem Sieb unter warmem Wasser abspülen, bis das Wasser nicht mehr trüb ist. Das verhindert, dass er matschig wird. Anschließend für 15 Minuten in einer Schüssel mit heißem Wasser einweichen.
2. Die Stängel der Petersilie und der Minze entfernen und die Blätter mit einem Messer fein hacken. Die Tomaten waschen und fein würfeln. Die Zwiebel schälen und fein hacken. Die Zitronen entsaften. Aus dem Zitronensaft, dem Öl, dem Zitronensalz, dem Pfeffer und dem Peri Peri Rub ein Dressing zubereiten.
3. Die Petersilie, die Minze, die Tomaten und die Zwiebel in eine Salatschüssel geben und mit dem Dressing verrühren. Den Bulgur abgießen und mit den Händen gut ausdrücken, um überschüssiges Wasser zu entfernen, dann zur Mischung hinzufügen. Alles gut miteinander vermengen und servieren.

WASSER-MELONEN-FETA-SALAT

75 MIN.

4 PORTIONEN

ZUTATEN

400 G FETA (45 %)
2 TL ANKERKRAUT CHAKALAKA (TASTE OF NAMIBIA)
2 EL OLIVENÖL
1 KG WASSERMELONE
2 EL LIMETTENSAFT
15 G FRISCHE MINZBLÄTTER

1. Den Feta in mundgerechte Würfel schneiden und mit dem Chakalaka-Gewürz und dem Olivenöl in einer Schüssel für etwa 1 Stunde marinieren.
2. Die Wassermelone schälen und ebenfalls in mundgerechte Würfel schneiden. Dann mit dem Limettensaft beträufeln.
3. Anschließend die Wassermelone mit dem marinierten Feta vermengen.
4. Die Minze grob hacken und über dem Salat verteilen.

FISCH, IM GANZEN GEGRILLT

25 MIN.

4 PORTIONEN

ZUTATEN

2 BIO-ZITRONEN
50 ML OLIVENÖL
100 ML WEISSWEIN
1 PRISE ANKERKRAUT KALAHARI UR-SALZ (TASTE OF NAMIBIA)
1 GANZER FISCH, CA. 1,4 KG (HELLER FISCH, ZUM BEISPIEL KABELJAU, ENTSCHUPPT UND AUSGENOMMEN)
2 EL ANKERKRAUT FISCH & SCAMPI

AUSSERDEM

GRILLKORB
PINSEL

1. Den Grill auf mittlere Hitze vorheizen. Eine Zitrone auspressen und den Saft mit dem Olivenöl, dem Weißwein und dem Salz zu einem Dressing verquirlen. Die zweite Zitrone heiß abwaschen und in Scheiben schneiden.
2. Die Bauchhöhle des Fisches mit dem Fisch & Scampi-Gewürz gleichmäßig einreiben und mit den Zitronenscheiben auslegen. Den Fisch auf beiden Seiten vom Kopf weg alle 4 cm diagonal einschneiden und in einen Grillkorb klemmen.
3. Den Fisch direkt über der Flamme von jeder Seite circa 6 – 10 Minuten grillen und dabei immer wieder mit dem Dressing bepinseln.

AZIFA

LINSENSALAT

30 MIN.

1-2 STD.

4 PORTIONEN

ZUTATEN

250 G BRAUNE LINSEN (TELLERLINSEN)
1 MITTELGROSSE ROTE ZWIEBEL
2 MITTELGROSSE TOMATEN
½ TL ANKERKRAUT 9 PFEFFER SYMPHONIE, FRISCH GEMAHLEN
½ TL ANKERKRAUT INGWER GEMAHLEN
1 PRISE ANKERKRAUT CHILI FLOCKEN
1 EL SENF, MITTELSCHARF
2 MITTELGROSSE LIMETTEN
2 EL OLIVENÖL
1 PRISE ANKERKRAUT KALAHARI UR-SALZ (TASTE OF NAMIBIA)
FRISCHE PETERSILIE ZUM GARNIEREN

1. Die Linsen zunächst in einem Sieb unter kaltem Wasser abspülen, bis das Wasser nicht mehr trüb ist. Dann für 25 Minuten in einem Topf mit 625 ml Wasser köcheln lassen, bis sie weich, aber nicht matschig sind. Anschließend in einem Sieb abtropfen lassen. Zum Abkühlen in eine Schüssel geben.
2. In der Zwischenzeit die Tomaten waschen, entkernen und in circa 1 cm große Würfel schneiden. Die Limetten entsaften. Die Zwiebeln schälen und fein würfeln. Die Zwiebeln, den Pfeffer, den Ingwer und die Chili-Flocken, den Limettensaft sowie den Senf und das Öl in einer kleinen Schüssel zu einem Dressing verarbeiten.
3. Die Tomaten zu den leicht abgekühlten Linsen geben und beides vermengen. Das Dressing über den Salat geben. Nach Belieben mit Salz abschmecken.
4. Den Salat für 1 – 2 Stunden im Kühlschrank durchziehen lassen. Die Petersilie abspülen, hacken und abschließend über den Salat geben.

HIMBA

DER STAMM DER HIMBA LEBT FERNAB DER ZIVILISATION ETWA NEUN AUTOSTUNDEN VON DER HAUPTSTADT WINDHOEK ENTFERNT. HIMBA WERDEN AUFGRUND DER BESONDEREN HAUTFÄRBUNG AUCH „ROTES VOLK" GENANNT. DENN ZUM SCHUTZ VOR SONNE UND AUSTROCKNUNG UND ALS KÖRPERSCHMUCK REIBEN SICH DIE FRAUEN MIT EINER OCKERFARBENEN PASTE AUS GEMAHLENEM ROTEISENSTEIN UND TIERISCHEM FETT ODER VASELINE EIN. HIER, MITTEN IN DER WÜSTE NAMIBIAS, GIBT ES KEIN TELEFON, KEINEN STROM, KEIN FLIESSEND WASSER. REICH IST DER, DER EINE GROSSE VIEHHERDE, VIELE KINDER ODER AUCH ÜPPIGEN HAARSCHMUCK BESITZT. WER EIN DORF DER HIMBA BESUCHEN MÖCHTE, BRINGT GASTGESCHENKE MIT: SÜSSES FÜR DIE KINDER ODER HALTBARE LEBENSMITTEL KOMMEN IMMER GUT AN. GELD HINGEGEN EHER WENIGER.

— TIPP —

Dhaltjies mit einem Quark-Dip oder Chutney servieren.

DHALTJIES

30 MIN. 6 PORTIONEN

ZUTATEN

125 G ERBSEN (TIEFGEKÜHLT)
50 G BLATTSPINAT
2 STÄNGEL FRISCHER KORIANDER
1 KLEINE ROTE ZWIEBEL
1 KNOBLAUCHZEHE
120 G KICHERERBSENMEHL
120 G WEIZENMEHL (TYPE 405)
2 TL BACKPULVER
1 EL ANKERKRAUT CHAKALAKA (TASTE OF NAMIBIA)
1 EI (GRÖSSE M)
1 PRISE ANKERKRAUT KALAHARI UR-SALZ (TASTE OF NAMIBIA)
CA. 200 ML WASSER
CA. 2 L NEUTRALES ÖL ZUM FRITTIEREN

1. Die Erbsen auftauen lassen. Den Spinat und den Koriander waschen und grob hacken. Die Zwiebel und den Knoblauch schälen und fein reiben.
2. In einer Schüssel zunächst Kichererbsenmehl, Mehl, Backpulver und Chakalaka miteinander vermengen. Dann Zwiebel, Knoblauch, Spinat, Koriander, Erbsen, ein Ei und das Salz in die Schüssel geben. Alles gut miteinander vermengen. Nach und nach Wasser einrühren, bis ein homogener Teig entsteht, der jedoch nicht zu flüssig sein sollte.
3. Das Öl in einem Topf erhitzen. Tipp: Holzstiel eines Kochlöffels in das Öl halten. Die richtige Temperatur ist erreicht, wenn sich um das Holz herum kleine Bläschen bilden und nach oben steigen. Alternativ kann die Temperatur auch mit einem Bratenthermometer gemessen werden. 180 °C sind ideal zum Frittieren der Dhaltjies.
4. Mithilfe eines Esslöffels golfballgroße Teigbällchen abstechen, ins Öl geben und frittieren, bis sie rundherum goldbraun sind. Je nach Topfgröße können mehrere Bällchen gleichzeitig frittiert werden. Fertige Dhaltjies aus dem Öl nehmen und auf einem Küchenkrepp abtropfen lassen.

STOKBROOD

60 MIN.

8 PORTIONEN

ZUTATEN

400 G WEIZENMEHL (TYPE 550)
10 G TROCKENHEFE
2 TL ANKERKRAUT KALAHARI UR-SALZ (TASTE OF NAMIBIA)
1 TL ANKERKRAUT ROHRZUCKER
200 ML LAUWARMES WASSER
2 EL NATIVES OLIVENÖL

AUSSERDEM

4 LANGE HOLZSTÖCKE / GERADE ÄSTE
ALUFOLIE

1. Das Mehl, die Hefe, das Salz und den Zucker in einer Schüssel miteinander vermengen. Anschließend nach und nach das Wasser und das Olivenöl hinzugeben und alles zu einem glatten Teig verkneten. Den Teig dann zugedeckt für 30 Minuten an einem warmen Ort gehen lassen.
2. Den Teig noch einmal durchkneten, in acht Teile portionieren und in circa 20 cm lange Teigstränge rollen und ziehen. Jeden Teigstrang spiralförmig eng um einen Stock wickeln.
3. Nun kann das Vergnügen beginnen: Das Stokbrood circa 20 cm über einem Feuer backen, dabei den Stock beständig drehen. Nach etwa 10 Minuten sollte das Brot rundherum goldbraun und gar sein.

ANKERKRAUT
FERMENTIERTER
PFEFFER

GEGRILLTE AUSTERN

15 MIN.

4 PORTIONEN

ZUTATEN

24 AUSTERN
1 ZITRONE
CA. 3 TL ANKERKRAUT
FERMENTIERTER PFEFFER

AUSSERDEM

AUSTERNMESSER

1. Den Grill anheizen und die Austern unter kaltem Wasser gründlich mit der Bürste reinigen.
2. Die Auster mit einem Austernhandschuh oder einem dicken Tuch greifen, die gewölbtere Seite nach unten. Zum Öffnen der Auster die Spitze des Austernmessers mit etwas Druck in die kleine Öffnung an der schmalen Seite der Auster stecken. Dann das Messer seitlich hin und her bewegen und die Auster vorsichtig aufbrechen, und zwar so, dass der Deckel einmal rundherum gelöst wird. Dabei unbedingt darauf achten, dass die Flüssigkeit der Auster nicht ausläuft und die Schale nicht splittert. Den flacheren Teil der Schale entfernen.
3. Nun die Austern über direkter Hitze für etwa 3 Minuten grillen, bis die Flüssigkeit in den Austern leicht zu köcheln beginnt.
4. Vor dem Servieren die Austern mit einem Spritzer Zitronensaft und dem fermentierten Pfeffer garnieren.

HERERO

DEM STAMM DER HERERO GEHÖREN HEUTE IN NAMIBIA ETWA 120.000 MENSCHEN AN. SIE SIND DEUTLICH AN DEN BUNTEN VIKTORIANISCHEN KLEIDERN ERKENNBAR, DIE DIE FRAUEN TRAGEN. DAZU SCHMÜCKEN SIE SICH MIT EINER BESONDEREN KOPFBEDECKUNG: EINEM ZUGESPITZTEN, LEICHT GEBOGENEN HUT, DER DIE HÖRNER EINES RINDES SYMBOLISIEREN SOLL. DAS RIND GENIESST BEI DEM EHEMALIGEN HIRTENVOLK EINEN BESONDERS HOHEN STELLENWERT. JE MEHR RINDER JEMAND BESASS, DESTO GRÖSSER WAR DER WOHLSTAND. EIN RIND WURDE BEI DEN HERERO NUR ZU BESONDEREN ANLÄSSEN GESCHLACHTET UND GALT SOMIT ALS BESONDERS WERTVOLL.

ETOSHA

IM ZWEITGRÖSSTEN NATIONALPARK NAMIBIAS WARTET EINE TIERISCH BREITE VIELFALT. DER ETOSHA-NATIONALPARK IM NORDEN DES LANDES IST MIT EINER FLÄCHE VON RUND 23.000 QUADRATKILOMETERN DER ZWEITGRÖSSTE NATIONALPARK NAMIBIAS UND BESITZT DIE HÖCHSTE WILDTIERDICHTE DES LANDES. BESONDERS BEMERKENSWERT IST DIE ETOSHA-SALZPFANNE, DIE 25 PROZENT DER FLÄCHE AUSMACHT UND SOGAR AUS DEM WELTALL ZU ERKENNEN IST. DAHER HAT DER NATIONALPARK AUCH SEINEN NAMEN, DENN „ETOSHA" BEDEUTET ÜBERSETZT „GROSSER WEISSER PLATZ". IN DER REGENZEIT FÜLLT SICH DIE SALZPFANNE MIT WASSER UND VERWANDELT SICH SO IN EINEN DER GRÖSSTEN SALZSEEN AFRIKAS. AUFGRUND DER HOHEN TROCKENHEIT IN DEN SOMMERMONATEN WURDEN VERMEHRT KÜNSTLICHE WASSERLÖCHER ANGELEGT, UM DEN TIEREN DIE NÖTIGE ABKÜHLUNG ZU GARANTIEREN. VON MAI BIS OKTOBER STEHEN DIE CHANCEN NICHT SCHLECHT, GIRAFFE, ELEFANT UND CO. AN EINEM DER VIELEN WASSERLÖCHER ZU BEOBACHTEN. UNSER ABSOLUTES HIGHLIGHT WÄHREND DER REISE!

ETOSHA

KÖCHIN AUS LEIDENSCHAFT

TINA

Wann treffen wir schon mal eine Bäckerin, Metzgerin und Köchin in einer Person? Tina ist alles zusammen. Als junge Frau ist sie vom Land nach Windhoek gezogen und hat eine Stelle als Hausangestellte bei einer Familie angenommen, wo sie bei der Zubereitung von Mahlzeiten half. Ihre Chefin, eine anerkannte Köchin, erkannte schnell ihr Talent und förderte sie. Heute besucht Tina internationale Feinschmecker-Events und nimmt an Koch-Wettbewerben teil. „Ich habe einen Schritt nach dem anderen gemacht und [...] bin so stolz auf mich. Ich habe das Gefühl, meine Lebensaufgabe gefunden zu haben." Und das das können wir sehen und schmecken! Tina hat uns gezeigt, wie Namibias Streetfood-Klassiker zubereitet wird: Vetkoek. Ein frittierter Teigball mit einer köstlichen Curry-Hack-Mischung. Quasi die namibische Version eines Sloppy Joes.

Du möchtest mehr über Tina erfahren?
Schau dir hier unseren Reise-Vlog an!

VETKOEK

CURRY-HACK-BURGER

120 MIN.

4 PORTIONEN

FÜR DEN HEFETEIG

150 ML LAUWARMES WASSER
1 TL ZUCKER
½ TL ANKERKRAUT KALAHARI UR-SALZ (TASTE OF NAMIBIA)
250 G WEIZENMEHL (TYPE 405)
21 G FRISCHE HEFE

FÜR DIE HACKMISCHUNG

1 MITTELGROSSE ZWIEBEL
1 EL OLIVENÖL
250 G RINDERHACKFLEISCH
3 TL NAMIB CURRY (TASTE OF NAMIBIA)
½ TL 9 PFEFFER SYMPHONIE, FRISCH GEMAHLEN
½ TL ANKERKRAUT KALAHARI UR-SALZ (TASTE OF NAMIBIA)
2 TL APRIKOSENMARMELADE
100 ML WASSER

AUSSERDEM

1 L FRITTIERÖL (ETWA SONNENBLUMENÖL)

1. Das lauwarme Wasser in eine Schüssel geben, Zucker und Salz darin auflösen und 25 g Mehl hineingeben. Anschließend die Hefe reinbröseln. Nach und nach das restliche Mehl dazugeben und die Masse mit den Händen oder einer Küchenmaschine zu einem homogenen Teig verkneten. Anschließend den Teig in eine geölte Schüssel geben und zusätzlich etwas Öl darauf verteilen, damit die Oberfläche während der Gehzeit nicht austrocknet. Teig mit einem Geschirrtuch abdecken und bei Zimmertemperatur für 60 Minuten gehen lassen.
2. Für die Curry-Hack-Mischung die Zwiebel schälen und klein schneiden. In Olivenöl anbraten, bis sie glasig sind. Das Hackfleisch und die Gewürze hinzugeben, alles gut vermengen und anrösten. Zuletzt die Aprikosenmarmelade und das Wasser hinzugeben, unterrühren und die Mischung für etwa 15 Minuten zugedeckt bei schwacher Hitze köcheln lassen.
3. Die Hände bemehlen und vier etwa golfballgroße Teiglinge aus dem Hefeteig formen. Nochmals für 30 Minuten abgedeckt gehen lassen.
4. Das Frittieröl in einem Topf erhitzen. Tipp: Holzstiel eines Kochlöffels in das Öl halten. Die richtige Temperatur ist erreicht, wenn sich um das Holz herum kleine Bläschen bilden und nach oben steigen. Alternativ kann die Temperatur auch mit einem Bratenthermometer gemessen werden. 180 °C sind ideal zum Frittieren.
5. Mithilfe eines Esslöffels die Teigbällchen ins Öl geben, frittieren und dabei regelmäßig wenden, bis sie rundherum goldbraun sind (circa 2 – 3 Minuten). Dabei nicht zu viele Teiglinge gleichzeitig frittieren, da der Teig noch aufgeht. Die fertigen Vetkoeks auf ein Küchentuch geben und abtropfen lassen.
6. Die noch warmen Vetkoeks wie ein Brötchen aufschneiden, mit der Curry-Hack-Mischung belegen und genießen.

LAMM-CURRY

60 MIN. 4 PORTIONEN

ZUTATEN

1 KNOBLAUCHZEHE

2 PRISEN ANKERKRAUT KALAHARI UR-SALZ (TASTE OF NAMIBIA)

½ MITTELGROSSE ZWIEBEL

2 MITTELGROSSE VORWIEGEND FESTKOCHENDE KARTOFFELN

80 ML SONNENBLUMENÖL

2 EL ANKERKRAUT NAMIB CURRY (TASTE OF NAMIBIA)

1 TL ANKERKRAUT PUMPKIN SPICE LATTE

½ TL ANKERKRAUT KURKUMA

500 G LAMMFLEISCH (LAMMKEULE ODER LAMMSCHULTER)

2 ANKERKRAUT LORBEERBLÄTTER

400 G STÜCKIGE TOMATEN (AUS DER DOSE)

250 ML WASSER

FRISCHER KORIANDER ZUM GARNIEREN

1. Den Knoblauch schälen und in feine Würfel schneiden, mit einer Prise Salz bestreuen und mit der Gabel zu einer Paste verarbeiten. Die Zwiebel schälen, eine Hälfte in Streifen schneiden. Die Kartoffel ebenfalls schälen und in mundgerechte Würfel schneiden.
2. Das Öl in einem Topf erhitzen und die in Streifen geschnittene halbe Zwiebel darin anschwitzen. Sind die Zwiebelstreifen glasig, kommen die Gewürze und die Knoblauchpaste hinzu. Für circa 1 – 2 Minuten unter ständigem Rühren zu einer Paste verarbeiten. Falls nötig können auch ein paar Tropfen Wasser hinzugegeben werden – so wird verhindert, dass die Gewürze anbrennen.
3. Das Fleisch in Würfel schneiden, bei Bedarf Fett und Sehnen entfernen. Die Würfel mit den Lorbeerblättern zur Paste geben und für 5 Minuten mit braten, dann mit den Tomaten ablöschen und mit einer Prise Salz abschmecken. Die Soße sollte jetzt zugedeckt köcheln, bis sie anfängt, sämig zu werden.
4. Das Wasser sowie die Kartoffeln hinzugeben und alles aufkochen. Das Curry dann bei niedriger Hitze einkochen lassen, bis die Kartoffeln weich und die Soße schön dickflüssig ist.
5. Die Stängel vom Koriander entfernen und die Blätter grob hacken. Das Curry vor dem Servieren mit dem Koriander garnieren.

CHAKALAKA-SALAT

20 MIN.

4 PORTIONEN

ZUTATEN

1 MITTELGROSSE ZWIEBEL
45 ML NEUTRALES BRATÖL
1 – 2 KNOBLAUCHZEHEN
15 G INGWER
1 EL ANKERKRAUT CHAKALAKA (TASTE OF NAMIBIA)
1 ROTE PAPRIKA
1 GELBE PAPRIKA
400 G KAROTTEN
30 G TOMATENMARK
400 G STÜCKIGE TOMATEN (AUS DER DOSE)
2 ZWEIGE FRISCHER THYMIAN
400 G BAKED BEANS (AUS DER DOSE)
NACH BELIEBEN ANKERKRAUT KALAHARI UR-SALZ (TASTE OF NAMIBIA)
NACH BELIEBEN ANKERKRAUT 9 PFEFFER SYMPHONIE, FRISCH GEMAHLEN

1. Die Zwiebel schälen und fein hacken. In einer Pfanne bei mittlerer Hitze mit dem Öl anschwitzen, bis die Stückchen glasig und weich sind. In der Zwischenzeit den Knoblauch schälen und fein hacken, den Ingwer schälen und fein reiben. Dann beides zusammen mit dem Chakalaka-Gewürz zur Zwiebel in die Pfanne geben und alles gut umrühren.
2. Die beiden Paprika abspülen, entkernen, in kleine Würfel schneiden und ebenfalls in die Pfanne geben. Alles für circa 2 Minuten braten lassen. Die Karotten schälen, fein reiben und dann ebenfalls hinzufügen. Alles umrühren und sicherstellen, dass das Gemüse mit dem Chakalaka-Gewürz überzogen ist.
3. Das Tomatenmark zugeben und kurz anbraten, dann mit den Tomaten ablöschen und circa 5 – 10 Minuten köcheln lassen, bis alles gut vermischt und leicht eingedickt ist, dabei gelegentlich umrühren.
4. In der Zwischenzeit die Thymian-Zweige waschen, die Blättchen abzupfen und grob hacken. Zusammen mit den gebackenen Bohnen in die Pfanne geben und noch einmal alles 5 Minuten köcheln lassen. Nach Belieben mit Salz und Pfeffer abschmecken und die Pfanne vom Herd nehmen. Kann heiß oder kalt genossen werden.

LIEBLINGSREZEPT
DER ANKERCROWD!

BUNNY CHOW

CURRY IM WEISSBROTLAIB

100 MIN.

4 PORTIONEN

FÜR DIE WEISSBROTE

500 G WEIZENMEHL (TYPE 550) + MEHL ZUM BESTÄUBEN
10 G TROCKENHEFE
1 EL ANKERKRAUT ROHRZUCKER
1 EL ANKERKRAUT KALAHARI UR-SALZ (TASTE OF NAMIBIA)
200 ML LAUWARME MILCH (3,8 %)
200 ML LAUWARMES WASSER
30 G BUTTER
1 EI (GRÖSSE M) (OPTIONAL)

FÜR DAS CURRY

1 KG HÄHNCHENBRUST (OHNE HAUT UND KNOCHEN)
125 G WEIZENMEHL (TYPE 405)
3 EL ANKERKRAUT NAMIB CURRY (TASTE OF NAMIBIA)
1 PRISE ANKERKRAUT KALAHARI UR-SALZ (TASTE OF NAMIBIA)
1 PRISE ANKERKRAUT 9 PFEFFER SYMPHONIE, FRISCH GEMAHLEN
1 ½ EL SONNENBLUMENÖL
50 G BUTTER
2 GROSSE ZWIEBELN
2 TL ANKERKRAUT KREUZKÜMMEL, GEMAHLEN
400 G STÜCKIGE TOMATEN (AUS DER DOSE)
1 KNOBLAUCHZEHE
1 GRÜNE CHILISCHOTE
500 G JOGHURT (10 %)
½ BUND FRISCHER KORIANDER

AUSSERDEM

4 LEERE, GUT GEREINIGTE KONSERVENDOSEN (À 400 G INHALT)

ZUBEREITUNG BROTE

1. Ofen auf 180 °C Ober-/Unterhitze vorheizen. 375 g Mehl und Trockenhefe in einer Schüssel vermengen. Dann Zucker, Salz, Milch und Wasser hinzugeben. Alles gut verrühren und das restliche Mehl nach und nach einarbeiten, bis ein weicher Teig entsteht.
2. Den Teig auf einer bemehlten Arbeitsfläche 5 Minuten mit den Händen kneten, bis er geschmeidig und elastisch ist. Den Teig zurück in die bemehlte Schüssel geben und leicht mit Mehl bestäuben. Die Schüssel mit einem Küchentuch abdecken und den Teig an einem warmen Ort circa 15 Minuten gehen lassen, bis sich sein Volumen verdoppelt hat.
3. Den Teig erneut durchkneten und in 4 gleich große Portionen aufteilen. Die Konservendosen mit Butter ausstreichen und den Teig hineingeben. Dann die Brote mit dem verquirlten Ei bestreichen. Die Dosen nochmals an einen warmen Ort stellen, bis der Teig sein Volumen verdoppelt hat.
4. Die Brote im Ofen etwa 25 Minuten lang backen, bis sie goldbraun sind. Um zu prüfen, ob sie fertig sind, einfach mit dem Fingerknöchel draufklopfen. Kling das Brot hohl, ist es fertig. Die Brote in den Formen auskühlen lassen und anschließend stürzen. Sollten die Brote außen herum nicht goldbraun sein, einfach in eine hitzebeständige Form stellen und im Ofen fertig backen.

ZUBEREITUNG CURRY

1. Die Hähnchenbrust in mundgerechte Stücke schneiden. Das Mehl, 1 EL Namib Curry, Salz und Pfeffer mischen und die Hähnchenstücke darin wenden. Anschließend das überschüssige Mehl abschütteln. Öl und Butter zusammen in einer hohen Pfanne erhitzen und die Hähnchenstücke von beiden Seiten goldbraun anbraten, aus der Pfanne nehmen und beiseitestellen.
2. Die Zwiebeln schälen und fein würfeln. In der Pfanne die Zwiebeln mit dem Kreuzkümmel anbraten, bis sie glasig sind. Mit den stückigen Tomaten ablöschen und mit 2 EL Namib Curry würzen. Den Knoblauch schälen, die gewaschene Chilischote entkernen und beides fein hacken und mit in die Pfanne geben.
3. Die Soße einkochen lassen, bis sie leicht sämig ist. Dann die Hähnchenstücke zurück in die Pfanne geben und alles für etwa 5 Minuten köcheln lassen, bis das Fleisch gar ist. Die Pfanne von der Hitze nehmen und den Joghurt einrühren.
4. Von den 4 Broten den Deckel abschneiden, das weichere Innere entfernen, dabei aber circa 2 cm vom Rand stehen lassen. Die Korianderblätter von den Stängeln zupfen und hacken. Das Curry in die Brote füllen und mit dem Koriander toppen.

BIG FIVE

EINE SAFARI DURCH DEN ETOSHA-NATIONALPARK SOLLTE MAN SICH AUF KEINEN FALL ENTGEHEN LASSEN. MIT ETWAS GEDULD UND GLÜCK BEGEGNET MAN VIER DER BIG FIVE: ELEFANT, LÖWE, LEOPARD UND NASHORN. DER BÜFFEL IST IN NAMIBIA NICHT ANZUTREFFEN. IM ETOSHA-NATIONALPARK LEBEN ZUDEM RUND 130 WEITERE TIERARTEN WIE ZEBRA, GNU UND GIRAFFE. BESONDERS DIE ZAHLREICHEN WASSERLÖCHER BIETEN TREFFPUNKTE FÜR GROSSWILD, DAS SICH IN RIESIGEN HERDEN DORT ZUM TRINKEN VERSAMMELT. FÜR WILDTIERLIEBHABER:INNEN IST EIN SOGENANNTER „GAME DRIVE“ DESHALB EIN ABSOLUTES MUSS!

Der Name Big Five stammt aus der Großwildjagd Ende des 19. Jahrhunderts, denn der Abschuss dieser Tierarten galt als besonders gefährlich und brachte die höchsten Preise ein. Auch heute noch werden diese Tiere in Afrika illegal gejagt, sodass die Bestände durch die Wilderei bedroht sind: Die Stoßzähne der Elefanten, die Hörner des Nashorns oder auch die Felle von Löwen und Leopard werden auf dem Schwarzmarkt gehandelt. Namibia ist ein echtes Vorbild in Sachen Umweltschutz: Als erstes afrikanisches Land hat es den Arten- und Naturschutz in seine Verfassung aufgenommen.

— TIPP —

Hierzu empfehlen wir einen Joghurt-Dip mit frischen Kräutern.

BIRYANI

REISGERICHT

120 MIN.

6 PORTIONEN

ZUTATEN

- 1 KG HÄHNCHENTEILE OHNE KNOCHEN (BRUST, AUSGELÖSTE OBERKEULEN ETC.)
- 4 MITTELGROSSE KAROTTEN
- 6 MITTELGROSSE VORWIEGEND FESTKOCHENDE KARTOFFELN
- 3 GROSSE ZWIEBELN
- 30 ML PFLANZENÖL
- 500 G BASMATI-REIS
- 250 G BRAUNE LINSEN (TELLERLINSEN), VORGEKOCHT
- 100 G BUTTER
- 400 ML WASSER
- 1 PRISE ANKERKRAUT SAFRAN

FÜR DIE MARINADE

- 1 GRÜNE CHILISCHOTE
- 1 KNOBLAUCHZEHE
- 300 G GRIECHISCHER JOGHURT (10 %)
- 400 G STÜCKIGE TOMATEN (AUS DER DOSE)
- 1 TL ANKERKRAUT INGWER GEMAHLEN
- 1 TL ANKERKRAUT ZIMT
- 2 TL ANKERKRAUT KREUZKÜMMEL, GANZ
- 2 TL ANKERKRAUT NAMIB CURRY (TASTE OF NAMIBIA)
- 2 TL ANKERKRAUT KALAHARI UR-SALZ (TASTE OF NAMIBIA)

AUSSERDEM

OFENFESTER TOPF ODER DUTCH OVEN (4,5 L)

1. Das Fleisch waschen, trocken tupfen und in mundgerechte Stücke schneiden. Die Karotten schälen und in Scheiben schneiden. Die Kartoffeln ebenfalls schälen und würfeln.

2. Für die Marinade die gewaschenen Chilischote entkernen, den Knoblauch schälen und beides fein hacken. Zusammen mit dem Joghurt, den Tomaten und den Gewürzen zu einer Marinade verrühren und das Hähnchenfleisch, die Karotten und die Kartoffeln für mindestens eine halbe Stunde darin einlegen.

3. In der Zwischenzeit den Ofen auf 180 °C Ober-/Unterhitze vorheizen. Alternativ den Grill auf 180 °C indirekte Hitze einstellen. Die Zwiebeln schälen und in Streifen schneiden. Das Öl in einer Pfanne erhitzen und die Zwiebeln in dem heißen Öl goldbraun frittieren. Auf Küchenkrepp abtropfen lassen und beiseitestellen.

4. Das marinierte Fleisch zusammen mit den Kartoffeln und den Karotten als erste Schicht im Topf verteilen. Als Nächstes folgt der Reis, darüber kommen die Linsen. Als letzte Schicht werden die frittierten Zwiebeln und die Butter in kleinen Flocken darauf verteilt.

5. Das Wasser aufkochen, über den Safran gießen und umrühren. Dann das Safran-Wasser über das Gericht in den Topf geben. Zugedeckt im Ofen für 1 Stunde garen lassen.

— TIPP —

Wer keine ofenfeste Pfanne besitzt, kann zum Überbacken auch eine Auflaufform verwenden.

BOBOTIE

HACKFLEISCHAUFLAUF

60 MIN.

4 PORTIONEN

ZUTATEN

4 SCHEIBEN TROCKENES TOASTBROT
125 ML WASSER
2 MITTELGROSSE ZWIEBELN
2 KNOBLAUCHZEHEN
1 EL SONNENBLUMENÖL
25 G BUTTER
2 TL ANKERKRAUT INGWER GEMAHLEN
2 EL ANKERKRAUT NAMIB CURRY (TASTE OF NAMIBIA)
1 TL ANKERKRAUT KALAHARI UR-SALZ (TASTE OF NAMIBIA)
1 TL ANKERKRAUT 9 PFEFFER SYMPHONIE, FRISCH GEMAHLEN
750 G RINDERHACKFLEISCH
75 G SULTANINEN
50 G MANDELBLÄTTCHEN
20 GETROCKNET APRIKOSEN
7 ANKERKRAUT LORBEERBLÄTTER
5 EIER (GRÖSSE M)
400 ML MILCH (3,8 %)

AUSSERDEM

OFENFESTE PFANNE ODER AUFLAUFFORM

1. Ofen auf 180 °C Ober-/Unterhitze vorheizen. Das Brot in einer Schüssel mit dem Wasser für circa 5 Minuten einweichen.
2. Die Zwiebeln und den Knoblauch schälen, in feine Streifen schneiden und in einer feuerfesten Gusspfanne in Öl und Butter dünsten, bis sie glasig sind. Die Gewürze und das Salz hinzugeben und kurz anrösten. Das Hackfleisch hinzufügen und krümelig braten.
3. In einer Schüssel die Sultaninen, die Mandelblättchen und die Aprikosen miteinander vermengen. Das Wasser mit den Händen aus dem eingeweichten Brot drücken, dann das Brot zerpflücken und mit in die Schüssel geben. Alles gut miteinander verrühren und zum Fleisch in die Pfanne geben. Das Ganze sollte kurz braten, bis das Fleisch schön braun ist.
4. Die Pfanne von der Hitze nehmen. Die Hackmischung mit einem Esslöffel etwas andrücken und die Lorbeerblätter hineinstecken. Die Eier und die Milch miteinander verquirlen und über das Hackfleisch gießen.
5. Dann das Bobotie für 40 Minuten im Ofen auf der mittleren Schiene überbacken, sodass die Ei-Milch-Masse stockt. Wer das Ganze auf dem Grill macht, stellt die Pfanne in die indirekte Hitze.

HAMBURG · ANKERKRAUT · GESCHMACKSMANUFAKTUR

GEELRYS

GELBER REIS

30 MIN.

4 PORTIONEN (ALS BEILAGE)

ZUTATEN

- 200 G LANGKORNREIS
- 450 ML WASSER
- 1 EL BUTTER
- 100 G ROSINEN
- 1 TL ANKERKRAUT KURKUMA
- ½ TL ANKERKRAUT ZIMT
- ½ TL ANKERKRAUT KALAHARI UR-SALZ (TASTE OF NAMIBIA)
- 1 TL ANKERKRAUT ROHRZUCKER

1. Den Reis waschen. Dafür den ungekochten Reis in eine Schüssel geben und mit kaltem Wasser bedecken. Mit den Händen durch kreisende Bewegungen waschen. Das Wasser abgießen und den Vorgang drei- bis viermal wiederholen, bis das Wasser klar ist. Reis anschließend in einem Sieb abtropfen lassen.

2. Den gewaschenen Reis zusammen mit dem Wasser, der Butter, den Rosinen, den Gewürzen, dem Salz und dem Zucker in einen Topf geben und alles gut verrühren. Den Topf mit einem Deckel schließen und den Reis bei mittlerer Hitze zum Kochen bringen. Sobald das Wasser anfängt zu kochen, die Hitze reduzieren und den Reis – ohne den Deckel anzuheben – 10 Minuten köcheln lassen.

3. Danach den Topf vom Herd nehmen und den Reis für weitere 10 Minuten ruhen lassen. Wichtig ist, dass der Topf hierbei weiterhin zugedeckt bleibt. Abschließend den Reis mit einer Gabel auflockern.

– TIPP –

Die Brötchen können auch für 15 Minuten auf einem gefetteten Backblech im Ofen bei 180 °C Ober-/Unterhitze gebacken werden.

ROOSTER-KOEK

GRILLBRÖTCHEN

60 MIN.

8 STÜCK

ZUTATEN

625 G WEIZENMEHL (TYPE 550)
WEITERES MEHL ZUM BESTÄUBEN
10 G TROCKENHEFE
30 G BUTTER
1 TL ANKERKRAUT KALAHARI UR-SALZ (TASTE OF NAMIBIA)
1 EL ANKERKRAUT ROHRZUCKER
400 ML LAUWARMES WASSER

1. 500 g Mehl und die Hefe in einer Rührschüssel miteinander vermengen. Die Butter, das Salz, den Zucker und das Wasser dazugeben und alle Zutaten mit den Händen gut miteinander vermischen. Nach und nach die restlichen 125 g Mehl hinzugeben, bis sich ein weicher, leicht klebriger, aber knetbarer Teig gebildet hat.
2. Den Teig auf eine gut bemehlte Oberfläche geben und 4 – 5 Minuten mit den Händen kneten. Die Schüssel bemehlen, den Teig zurück in die Schüssel geben und ebenfalls leicht mit Mehl bestäuben. Die Schüssel mit einem Küchentuch abdecken und den Teig an einem warmen Ort circa 30 Minuten gehen lassen, bis sich sein Volumen verdoppelt hat.
3. Den Teig mit bemehlten Händen erneut durchkneten, in 8 Portionen aufteilen und zu leicht abgeflachten Kugeln formen. Die Brötchen bei schwacher bis mittlerer Hitze auf einem gefetteten Rost direkt 15 Minuten grillen. Ab und zu wenden. Noch heiß servieren!

ARTGERECHTE TIERHALTUNG HAT IN NAMIBIA EINEN GANZ BESONDEREN STELLENWERT. SO STEHEN EINER KUH ETWA 30 HEKTAR LAND ZUR VERFÜGUNG – DAMIT HAT JEDES RIND 60-MAL MEHR PLATZ ALS IN DEUTSCHLAND! ES SOLLTE ALSO NIEMANDEN WUNDERN, DASS SICH NAMIBISCHE FARMEN GERN EINMAL ÜBER 10.000 HEKTAR LAND ERSTRECKEN. DAS PRÄGT NEBEN DEM LANDSCHAFTSBILD AUCH DIE WIRTSCHAFT NAMIBIAS. ETWAS MEHR ALS DIE HÄLFTE ALLER NAMIBIER:INNEN ARBEITEN IN DER FLEISCHPRODUKTION.

AK
ANKERKRAUT
Zimt

MELKTERT

MILCHKÜCHLEIN

60 MIN. 4 - 8 PORTIONEN

FÜR DEN TEIG

250 G WEIZENMEHL (TYPE 550)
1 TL BACKPULVER
1 PRISE ANKERKRAUT KALAHARI UR-SALZ (TASTE OF NAMIBIA)
125 G BUTTER, WEICH
125 G PUDERZUCKER (GESIEBT)
1 EI (GRÖSSE M)
1 EL WASSER

FÜR DIE FÜLLUNG

275 ML MILCH (3,8 %)
10 G BUTTER, WEICH
8 G WEIZENMEHL (TYPE 550)
40 G SPEISESTÄRKE
1 TL PUDDINGPULVER MIT VANILLEGESCHMACK
½ TL ANKERKRAUT ZIMT
2 EIER (GRÖSSE M)
2 EL ANKERKRAUT ROHRZUCKER

AUSSERDEM

MUFFINFORM MIT 12 MULDEN

1. Den Ofen auf 180 °C Ober-/Unterhitze vorheizen. Für den Teig in einer Schüssel Mehl, Backpulver und Salz vermischen. In einer weiteren Schüssel die Butter mit dem Puderzucker mithilfe eines elektrischen Handrührers cremig schlagen. Das Ei hinzugeben und weiterschlagen, bis die Mischung glatt ist. Anschließend das Mehl hinzugeben. Alles kräftig durchkneten, sodass sich die Zutaten gut miteinander verbinden.
2. Den Teig mit einem Nudelholz auf einer bemehlten Fläche ausrollen und mit einer runden Ausstechform (circa 8 cm Durchmesser) oder einem dünnwandigen Glas 12 Teiglinge ausstechen. Diese nochmals leicht mit dem Nudelholz ausrollen. Die Muffinform leicht einfetten und die Teiglinge hineingeben, dabei mit einem Esslöffel vorsichtig an die Wände der Form drücken.
3. 250 ml Milch in einem Topf aufkochen. Sobald sie kocht, die Butter hinzugeben. Die restliche kalte Milch in einem Gefäß mit dem Mehl und der Speisestärke sowie dem Puddingpulver und dem Zimt verrühren. Die Mischung dann langsam in den Topf gießen und zügig einrühren. Den Topf von der Hitze nehmen.
4. Die Eier trennen und die Eiweiße unter Zugabe des Zuckers steif schlagen. Die verquirlten Eigelbe vorsichtig in die Milchmasse einrühren. Danach den Eischnee vorsichtig unterheben. Die Masse gleichmäßig auf die Förmchen verteilen und die Küchlein im vorgeheizten Ofen für 25 – 30 Minuten backen.
5. Die Melktert aus dem Ofen nehmen und kurz vor dem Servieren mit etwas Zimt bestreuen.

MENÜ 1

FISCH / FLEISCH

VORSPEISE

PERI-PERI-GARNELEN *(S. 71)*

HAUPTGERICHT

KAPANA MIT MIELIE PAP *(S. 41)*

NACHSPEISE

MELKTERT *(S. 115)*

MENÜ 2

VEGETARISCH

VORSPEISE

CHAKALAKA-SALAT *(S. 99)*

HAUPTGERICHT

BOBOTIE *(S. 107)* (MIT VEGGIE-HACK), DAZU GEELRYS *(S. 109)*

NACHSPEISE

PAMPOENKOEKIES *(S. 39)*

GEWÜRZREGISTER

REZEPTREGISTER

DANKSAGUNG

Zuallererst möchte ich mich von ganzem Herzen bei allen Namibierinnen und Namibiern bedanken. Ihr alle habt mich und die Ankercrowd mit offenen Armen empfangen und uns Einblicke in eure Kultur und Kulinarik gegeben – und damit dieses Kochbuch überhaupt erst möglich gemacht. Ganz besonders hervorheben möchte ich unsere Ankerscouts Tina, Frederik und Neels. Ohne euch drei hätten wir kein Vetkoek gekostet, kein Potjiekos probiert und auch keinen fangfrischen Fisch direkt am Strand geschlemmt. DANKE, dass wir euch kennenlernen und begleiten durften!

Camillo, dir möchte ich von Herzen für deine langjährige Freund- und Partnerschaft danken. Du bist nicht nur ein Meister am Grill, sondern trägst auch dein Herz auf der Zunge – und das ist genau richtig so! Mit dir haben wir die verrücktesten Dinge erlebt. Wer kommt schon auf die Idee, mitten in der namibischen Wüste ein Lagerfeuer zu machen und auf einem Schaufelspaten ein Steak zu grillen? Dieses kulinarische Erlebnis ist auf jeden Fall eins meiner Highlights. Es war mir eine Freude, dieses Abenteuer mit dir gemeinsam zu erleben!

Liebstes Ankerkraut-Team, allen voran Sandra, Michaela, Kim, Ben, Jérome und Michael – danke für euer riesiges Engagement, eure Kreativität und das Herzblut, das ihr alle in dieses Projekt gesteckt habt. So ein Kochbuch umzusetzen ist schon an sich eine Herausforderung. So fern von zu Hause, in einem Land, das mit so ganz anderen Challenges daherkommt als Deutschland, haben wir zusammen gekocht, gelacht, Rezeptbilder direkt vor Ort geshootet und einfach eine großartige Zeit miteinander erlebt.

Ob am Strand in Swakopmund mit enormen Böen oder bei 40 Grad und praller Sonne mitten in der Wüste – auf euch ist einfach Verlass! Da sind wir während eines Shootings auch mal über Zäune geklettert, um von einem Schrottplatz einen schönen Holzhintergrund zu „leihen". Ich könnte mich nicht glücklicher schätzen, euch als meine Reisebegleitung dabei gehabt zu haben. DANKE, dass ihr diese Fahrt zu einem unvergesslichen Erlebnis gemacht und mich vor, während und nach der Reise mit so viel Begeisterung bei diesem Kochbuch-Projekt unterstützt habt!

Zu guter Letzt gilt mein Dank unseren Reisepartnern. Danke an Jens von Weltmeyster und Matthias vom Namibia Tourism Board, an Ethiopian Airlines, Travely und Gondwana Collection Namibia. Danke, dass ihr diese besondere Fahrt ermöglicht habt. Für die herausragende Zusammenarbeit, für euer Vertrauen in Ankerkraut und für die Herzlichkeit, mit der ihr uns empfangen habt!

Ein besonderer Dank geht an Angelique und Jens von Gondwana Collection Namibia. Ihr habt uns auf unserer zweiwöchigen Tour durch Namibia begleitet. Und ohne euer Engagement hätten wir das alles niemals so realisieren können. Ganz nebenbei habt ihr uns einen Blick hinter die Kulissen ermöglicht und uns die Menschen, die Tiere und die Natur Namibias nähergebracht. Eure Begeisterung für dieses wundervolle Land ist einfach ansteckend!

Selbstverständlich geht auch ein dickes DANKE an euch alle, die ihr unser Namibia-Buch kauft, lest und die Rezepte nachkocht. Ohne euch als Leserschaft wäre Bücherschreiben nur halb so schön, und ich schaue mit so viel Stolz auf das, was Ankerkraut inzwischen ist: eine Gewürzmarke mit den treuesten Fans voller kulinarischem Abenteuergeist. Danke, dass ihr Teil unserer Geschichte seid!

Jetzt bleibt mir nur noch eins: Ich wünsche euch viel Freude beim Nachkochen, Ausprobieren und „lekker" Essen! Guten Appetit!

Ankercrowd-Foto linke Seite (stehend v.l.n.r., hockend v.l.n.r.): Stefan – Gründer; Sandra – Brand Management; Michaela – Head of Design ; Jérome & Ben – „Team Hollywood"; Michael – Influencer Relations

IMPRESSUM

1. Auflage

Ankerkraut GmbH
Tempowerkring 6
21079 Hamburg

AUTOREN	Stefan Lemcke und Camillo Tomanek
PROJEKTLEITUNG	Sandra Marzio
DESIGN & ART DIRECTION	Michaela Vargas Coronado
SATZ	Kim Aberle, Kira Schmidt, Alicia Tieves, Tara Homatash, Kristin Decker
TEXT	Lisa-Marie Kubiak Magdalena Fröschle, Malena Thielebein
FOTOGRAFIE	Andrea Thode Reinhard Koslowski (S. 20 – 21, S. 40, S. 56, S. 86) Gondwana Collection Namibia (S. 44 – 45)
SET-STYLING	Michaela Vargas Coronado
REZEPTENTWICKLUNG	Stefan Lemcke, Camillo Tomanek, Michael Damast
REZEPTÜBERARBEITUNG	Michael Damast, Sandra Marzio
DRUCK	Druckerei Vogl GmbH & Co. KG Georg-Wimmer-Ring 9 85604 Zorneding
ISBN	978-3-00-074421-1

www.ankerkraut.de
Bei Fragen und Anregungen
melde dich gern unter
lotse@ankerkraut.de

WIR DANKEN UNSEREN PARTNERN